U0369241

高效率
工作手册

[美] 博恩·崔西（Brian Tracy） 著

何华平 译

Get It Done Now!
Own Your Time, Take Back Your Life

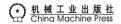

机械工业出版社
China Machine Press

图书在版编目（CIP）数据

高效率工作手册 /（美）博恩·崔西（Brian Tracy）著；何华平译 . -- 北京：机械工业出版社，2022.1

书名原文：Get It Done Now! Own Your Time, Take Back Your Life

ISBN 978-7-111-70090-6

Ⅰ. ①高… Ⅱ. ①博… ②何… Ⅲ. ①工作 - 效率 - 手册 Ⅳ. ① C935-62

中国版本图书馆 CIP 数据核字（2022）第 028798 号

高效率工作手册

出版发行：机械工业出版社（北京市西城区百万庄大街 22 号　邮政编码：100037）

责任编辑：石美华　　刘新艳

责任校对：殷　虹

印　　刷：北京联兴盛业印刷股份有限公司

版　　次：2022 年 4 月第 1 版第 1 次印刷

开　　本：130mm×185mm　1/32

印　　张：7.375

书　　号：ISBN 978-7-111-70090-6

定　　价：49.00 元

客服电话：（010）88361066　88379833　68326294　　　投稿热线：（010）88379007

华章网站：www.hzbook.com　　　　　　　　　　　　　读者信箱：hzjg@hzbook.com

版权所有·侵权必究

封底无防伪标均为盗版

译者序

近年来，各行各业都追求效率极致——"5+2""白＋黑""996"。很多人吐槽"工作压力大"，感到"职业倦怠"。工作的意义是什么？首先，工作是谋生手段。其次，它还是人们施展才华的舞台。十年寒窗苦读学来的知识、多年职场打拼练就的本领，都需要一份工作才能展示。我们向往诗和远方，但是生活就在当下的工作中。把工作干好了，我们才能获得自由。

本书系统讲解了工作方法论。作者博恩·崔西长期研究成功人士的工作方法，他在本书中提出了一个关键词："生产力"。"生产力"代表一个人的劳动产出，代表了一个人对公司的贡献。当然，它也可以表示一个人对家庭、他人和社会的贡献。

博恩·崔西本人就是一个高产出的人。他在全球举办讲座，发表演讲。截至目前他写了80多本书，有些书被翻译成40多种语言。通过演讲、在线培训、著书立说，博恩·崔西影响了全世界无数的个人和家庭，让他们的事业走向成功，家庭幸福美满。

有的人，一生努力阅读上万本书，但是没有留下哪怕一篇作品，这种努力没有太多社会意义。博恩·崔西反复强调，要学到让市场认可的本领，输出市场需要的产出，这样才能让市场愿意为你付费。没有人能够欺骗市场，在市场中立足的本领才有真正的价值。以此标准来看，很多学习和努力不过是"假装努力"罢了。

"生产力"可以解释很多问题。例如"工作忙""收入低""看不到前景"，仔细分析这些问题，你就会发现，都是由于没有足够的"生产力"。我们创造了多少产出？我们的产出是不是真的超过了我们拿到的薪酬？很多人没有认真反思和总结，只是单纯地等待公司涨工资，期盼领导发奖金。似乎只要自己老老实实待着，按时上下班，就一定能够领到工资，干足了年头就能够晋升，一切都是理所当然。至于公司是否有前景，公司是否有利润，都与自己无关。经济学原理告诉我们，公司存在的意义就是为资本创造利润。所以，工作换来换去都是一样的，因为资本都是一样的。对于个体来说，最佳选择是不断提升自己的生产力，不断地输出产出。

工作的意义是要有产出。有的人机械地按时上下班，枯坐一天，毫无产出。有的人忙得疲惫不堪，其实是"低水平重复"，观念陈旧，工作没有创意，产出一堆废品，这种"忙"可能是没有意义的。随着人工智能等技术在职场的应用，没有创意和思想的"忙"都会被机器取代。在这个人工智能的时代，人的价值何在呢？人类区别于机器，并能与机器抗衡的只有自己的思想意识。所以，我们不仅要输出产出，还要重点输出原创性的、有思想的产出。我思故我在，我们在工作中要勤于思考，善于改进工作方法。机械、麻木地执行指令，这样的工作是毫无意义的，是会被取代的，更谈不上人的自由和发展。良好的工作状态是，热爱自己的工作，沉浸在解决问题的快乐之中，废寝忘食，创意灵感频现，源源不断地输出高质量的原创性产出，这样你就是一个不可替代的人，不能被机器替代，不能被别人替代。本书提供了从心理学基础到实践操作等一系列技术，帮助你达到这种理想的工作状态。

"懂了很多道理，依然过不好这一生"，这是为什么？懂了道理，说明你知道怎么干，但是距离干成事还差了一个东西，那就是产出。产出来自哪里？来自实践。读书要从思想的批判走向实践的批判。有些人读了很多书，明白很多道理，思想观念转变了。从哲学上讲，这就是用新理论批判了自己的旧观念。观念的批判，只有通过实践的批判，才有真正的现实意义，才能改变你的现实生活，让你过上富足、快乐的生活。所以，有了想法就马上去做。在做事情的过程中，改掉自己旧的不好的习惯，养成新的好的习惯。

希望读者在看了本书后，能够像博恩·崔西一样成为一个高生产力的人，希望你的工作和生活会发生很大的改变。

何华平

2021 年 12 月

前　言

　　曾有一位名人说过："注意力不受干扰，精力才会集中起来。"我想，当你阅读本书的时候，记住这句话再合适不过了。

　　我们生活在有史以来技术最先进的年代，然而，在当今世界，保持最佳生产力的挑战也是前所未有的。怎么会这样呢？

　　随着手机、杀手级应用程序、超高速宽带的出现，轻轻点一下鼠标就可以获得几乎任何信息、产品或解决方案。为什么对于许多人而言，保持最佳生产力会是一个挑战？为什么所有的技术工具都没能解放我们，让我们专注于工作和生活中最重要的事情呢？

这个问题可以用一个词来回答：分心。新的科技带来了负面影响，许多人把宝贵的时间花在了一些错误的事情上。这些事情远不止鸡毛蒜皮的琐事、娱乐八卦、标题党新闻等，还有没完没了的电子邮件、短信息通知和广告，它们看起来很重要，甚至很紧急，但实际上只会让我们的生活变得更加复杂，让我们远离目标。如果你像今天的大多数人一样，你会被太多的事情和太少的时间压得喘不过气来。

当你努力追赶的时候，新的工作任务又如海浪一样滚滚而来。因此，你永远也做不完全部事情。你永远也赶不上进度，总会落下个别工作，甚至落下大量工作。其实，你随时都可以选出最重要的任务，然后又快又好地完成它，这种本领比其他任何技能都重要，对你的成功影响也最大。

在本书中，我阐述了各种思维方式、技能和策略，使你能够随时选出最重要的任务并按计划完成。你将学到的内容包括：有史以来最节省时间的方法，如何变得有条理并保持下去，为什么你应该提前计划每一天，你要避免的不良拖延与我赞成的创造性拖延之间的区别，职场与家庭的生产力建议等。读完本书，你会发现生产力是一门真正的科学，它历经数十年，已经被反复验证过，包括被里程碑式的出版物，例如彼得·德鲁克的《卓有成效的管理者》和我的《时间力》《吃掉那只青蛙》验证过。

今天，我们有了比以往任何时候都更为精密的时间管理和生产力数据，详细记录了人们在工作场所实际花费时间的方式，以及人们认为自己是如何花费时间的。我将在本书中展示我发现的一些现象，它们会让你震惊。

本书的目的是带给你许多有关生产力的经过证实的事实，消除迷信和不成熟的理论，给你留下宝贵的思想库，让你在自己的生活中，在那些你关心的人的生活中，变得更有影响力。

目　录

译者序

前　言

第 1 章　生产力：鲜花与陷阱　*1*

　　电子邮件：工作甜点　*14*

　　时间管理　*17*

　　成功的意义　*24*

第 2 章　生产力的心理学基础　*27*

　　生产力和真实感　*34*

　　真正的自尊　*38*

想象和肯定 *42*

扮演角色 *44*

以最好为基准 *45*

成为老师 *47*

第3章　高生产力的人都有强烈的目标感 *50*

目标的力量 *57*

设定目标的七个步骤 *58*

最佳时间管理体系 *76*

采取行动 *78*

第4章　高生产力的人有条理 *83*

吃掉那只青蛙 *89*

计划一切 *92*

问卷调查 *94*

整洁很重要 *96*

不要找借口 *98*

做准备：专业人士的标志 *100*

最有价值的球员 *103*

创建文件系统 *104*

黄金时间：在黄金时间段做重要的工作 *106*

航空旅行：充分利用旅行时间做事 *109*

会议的艺术与科学 *111*

触地得分 *115*

第 5 章　有史以来最好的提高生产力的方法 *117*

80/20 法则 *117*

ABCDE 方法 *118*

三大任务法则 *134*

提升你的核心技能 *138*

放大你的专长 *139*

找到你的主要约束 *140*

摆脱技术时间陷阱 *145*

将任务化整为零 *146*

培养紧迫感 *147*

一次处理一项任务 *152*

第 6 章　如何终结拖延症 *158*

自我肯定 *161*

从最难的任务开始 *162*

考虑代价 *166*

考虑收益 *167*

预留工作时间 *168*

拒绝完美主义 *169*

全力以赴 *171*

保持快节奏 *176*

有意识地生活 *177*

第 7 章　如何成为高生产力的专业人士 *180*

你最重要的客户 *181*

等级制度 *182*

看得见的努力 *186*

远程办公和自律 *192*

团队合作 *195*

销售额翻倍 *198*

销售：七个关键部分 *204*

第 8 章　人际关系中的生产力 *210*

其他重要的人 *213*

结论　有所作为 *219*

第 1 章

生产力：鲜花与陷阱

生产力是获得产出的能力——这些产出能够帮助他人，改变他们的生活，并帮助他们获得产出。今天最大的悲剧，是不少人尽可能少地接受教育。这些人尽可能地选择最简单的课程，取得平均成绩，仅够通过考试，却无法持续提升自己的能力，以获得他人愿意为之付费的产出。

在这里，我想给你一些脑力和体力上的工具，它们将帮助你更快、更好地获得产出，赚更多的钱，晋升得更快，最重要的是会感觉更棒。你不应该仅仅为了钱或者为了取悦老板而高效工作。你之所以高效工作，是因为你会因此而感到快乐。

我们可以帮别人获得产出。许多年前，我的老朋友、励志导师厄尔·南丁格尔曾说过，"你在生活中获得的回报，与你帮别人取得的成绩成正比"。我们总是会得到我们应得的那份东西。他说：比起你应得的东西，你永远不会得到更多或更少。很多人的生活一团糟，是因为他们付出很少，却想得到很多。他们企图获得超额回报，超出他们应有的回报。厄尔说，单词"deserve"来自拉丁语"deservire"，而这个单词是由"servire"演变而来的，servire的意思是"服务"。你需要通过服务他人来获得收益。

人们问我："怎样做才能赚更多的钱？怎样做才能更快地进步？"我说："在今后的每一天里，一心一意地为他人服务，不断提升自己的知识和技能，由此更好地帮助别人，帮他人实现目标、兑现承诺、克服困难、解决问题。"你必须时刻想着为他人服务。这就是生产力的含义。

许多人认为工作是生活中必须遭受的一种惩罚。有这种想法的人多处于经济社会的底层。他们挣的比别人少，经常失业，很少升职。事实上，对于个体而言，工作带给我们成就，应该让我们感到充实才对。我们的任务就是找到自己最喜欢的工作。

许多年前，《思考致富》一书的作者拿破仑·希尔曾说过，如果你找到了一份自己喜欢的工作，那么你就再也不会觉得自己是在辛苦工作了。你最重要的任务就是胸怀远大理想，做自己喜欢的工作。要实现这一点，你只能靠自己。

当我还是一家公司的高管时，有人对我说："我今年35岁了，这辈子哪儿也去不成了。你能帮助我、指导我吗？你能带我去你的公司吗？能给我提供培训和帮助吗？我需要一份好工作，我想获得丰厚的报酬。"

我说："除了你自己，没人能帮你。"这好比当父母，你不能把这份责任外包出去。你只有和家人面对面、膝对膝、心连心地交流，才能成为好丈夫或好父亲，没有别的办法。因此，你的任务就是找到自己喜欢的工作。

如果世界上的工作可以任你挑选，你想做什么？它与你现在的工作有什么不同？如果你现在做的不是自己喜欢的工作，你必须退一步，对自己说："如果我不喜欢这个工作，我喜欢什么呢？"许多人说："我不喜欢现在的工作，所以我应该找其他工作。"不要仓促做决定，请等一等。事实上，当你做自己擅长的工作时，你就会喜欢工作，而且生产力会非常高。因此，你要做的就是变得擅长于自己现在的工作。

永远不要因为表现平平而放弃现在的工作，有时候只要再努力一点点，你就会有所突破，就会把工作做好。一瞬间，所有的路都通了，你会感到欢欣鼓舞，迫不及待地要继续工作。

成功人士都很自律。他们强迫自己早早就开始行动，加倍努力地工作，干到很晚才下班，做很多的事情。你必须约束他们不要去工作，建议他们去做点别人认为有趣的事情。因为对于他们来说，工作已经成为实现自我价值的一种方式。努力工作和收获产出，就是他们生活中快乐的源泉。

我分享一点自己的经历。刚开始做销售的时候，我每天早上6点或6点半起床，7点或7点半去上班，去敲门做陌生拜访。我没有车，只能乘公共汽车进城，然后挨家挨户敲门，要连续工作好几个小时。到了晚上，我又会去敲邻居的门，去各家各户拜访。

直到一个月以后，我才完成第一笔销售，这是一个很小的订单。在那之后，我每周能成交一两单。我挣的不多，生活很艰难。我发现，当你不擅长做一件事情时，就会和那些同样不擅长的人交往。你很快就会形成这样的观念：销售很困难，没人能干好，注定要失败。

　　后来有一天，我向一位成功的销售人员请教，请他给我建议。他挣的钱是我们公司其他人的 10 倍。虽然他挣这么多钱，但他似乎并不怎么费力。他早上 9 点才开始工作，下午 5 点或 5 点半就下班了。他去高档餐馆吃饭，口袋里装满了钱。我却一直在工作，辛苦干活，挤公交。

　　他问我："你读过关于销售的书吗？"

　　现在我已经在读了，我喜欢读书，但当时我问："有关于销售的书卖吗？"

　　"是的，"他说，"一些世界最顶尖的销售人员写了一些很不错的书。"我简直不敢相信自己的耳朵。我立刻去了书店，找到了几十本关于销售的书，都是由销售高手写的，这些人都是白手起家。我买了其中一本，把它紧紧攥在手里。我记得书名好像是"加速销售"之类的，我把它带回家，然后认真阅读。那本书的作者有 30 年的工作经验，他通过自己的努力一步步升到公司高管，招募、培训和管理庞大的销售队伍。他告诉了我该怎么做：从哪一步开始，该和谁联系，怎么联系他们，和他们见面的时候说什么，如何跟进客户，在竞争中如何定位自己，等等。

我简直不敢相信。我觉得从前的我已经死了，到了天堂。随着不断阅读，我的销量开始上升，我变得快乐起来，赚了很多钱。人们开始关注我，以为我吃了灵丹妙药。

然后我问自己："要想更加成功，在所有需要学习的销售技巧中，哪项最重要？""完成销售。"

我不再害怕敲门和与人交谈，但有时我说得太多、太快。我后来才明白，当你见一个客户时，你不能不停地说。你要善于提问，然后仔细聆听答案。你要寻找办法，帮助客户提高生活或工作的质量。

你要不断提出问题，然后表明你的产品或服务是客户的理想选择。你要展示如何帮助客户获得更好的结果，提高生产力，让他们从工作或业务中获得更多的收入。

但是，我意识到，达成交易并完成销售才是关键。然而，在做完前期工作，要成交的时候，我就会瘫痪掉，就像一头被车灯照蒙的小鹿，不知该怎么办。

所以，我对自己说："我要学习如何完成销售。"我去书店，看了每一本关于如何完成销售的书。我把这些书带回家，在晚上、早上和周末，一个小时又一个小时地研究如何促成交易。不到一个月，我的收入就增长了四五倍，不到一年，涨了十倍，因为我学会了各种请求客户下订单的方法。

这些方法中，没有一种是操纵、压迫或者折磨客户来完成销售的。它们只是一些实用的、聪明的提问方式，帮助人们做出购买决定。

我把学到的东西教给其他销售人员，他们的销量也不断上升。很快，我成了销售经理，并开始招募销售人员。我教他们基本的销售流程，教他们如何请求客户下单。这些年来，通过帮助人们提升销量、拿到订单，我让很多人变成百万富翁，这也许是很多人做不到的。我的书现在有三四十种语言版本，数以百万计的销售人员在使用。南丁格尔·科南特音频公司的维克·科南特告诉我，他们做了一项调查，发现很多人通过阅读我的书成为百万富翁，我的书在销售界的影响力比其他任何书都要大。对此我一点也不惊讶，因为我的书也让我成了百万富翁。

希望你也能因为阅读我的书成为百万富翁。记住：所有销售技巧都是可以学会的。销售领域的佼佼者会告诉你，刚开始的时候，他们的表现也很糟糕，他们卖不出去东西，忍饥挨饿，要么住在汽车上，要么睡在朋友公寓的地板上。

后来他们学习了各种销售技能。别人能学会的任何技能，你也可以学会。这是关于生产力最美妙的事情之一：你有能力使你的生产力提高到现在的 5～10 倍，而且这些技能非常简单明了。我们是怎么知道的？因为你周围的人挣的比你多得多。但刚开始的时候，他们可能挣的钱比你少得多，但他们学会了一些我将在本书中谈到的技能。他们学习了这些技能，并一遍又一遍地练习。万事开头难，但当你努力去做时，它就会变得简单。我们就是要让高生产力变得容易实现，变得自然而然。

今天，如果你给我每小时 1000 美元的薪水，让我为你工作，我会拒绝。我会说："对不起。预订我的时间，价格比这要高得多。我想帮你，但我不是以这个费率工作的。"我第一份工作的时薪曾一度是 1.12 美元。如果当时你给我每小时 5 美元，我会说："5 美元一小时！让我干什么我都愿意！"

今天我不会接受 1000 美元的时薪了。我认识的很多人对 1000 美元的时薪都不感兴趣，因为他们赚的比这多得多。但是，他们刚开始的时候一无所有，他们也是从底层做起的。

最重要的是做出决定：你想赚多少钱？做什么事情来赚这些钱？需要掌握什么技能？如何安排时间和生

活，才能得到你想要的回报，才能让别人心甘情愿地向你付费。

安杰拉·达克沃思在著作《坚毅》中说，成功人士最重要的品质是他们有决心。不管经历多少失败，他们都会振作起来，继续工作。他们每时每刻都在前进。不管经历了多少打击，他们都能从中恢复。同样，成功人士会选择他们需要掌握的技能，然后一直刻意练习这些技能。那些白手起家的百万富翁以及亿万富翁成功的秘诀之一，是在刚开始的时候一次只培养一项技能。此外，这些百万富翁每天都早起。你经常会发现成功人士早上 5 点或 6 点就起床了。白手起家的百万富翁基本是每天早上 6 点前起床的。

我多年前就这么做了。我调整好自己的生物钟，这样我在床上就能感觉到时钟。差 5 分钟到 6 点的时候，我就起床了。我起床后四处奔跑，就好像房子着火了一样。我起床后就开始运动，锻炼身体，开始新的一天。住在圣迭戈时，我起床后就会下楼，然后跳进游泳池，在水里来回扑腾几十下，一年中的大部分时间我都是这样。

几年前，我想买带有 10 冲程（1 个冲程指手和脚完成一次划水动作）游泳池的房子。我看了很多房子，终于找到了一个满意的，我从游泳池的一头游到另一头刚好 10 冲程。

所以，我往返游 5 次，就能完成 50 次划水动作。你划了 50 下后，就完全清醒了。用了不到 20 分钟，就给一天充满了电。

有钱人起床后通常会学习 60 ～ 90 分钟。他们对学习一直很认真，会持续阅读。你认为图书是谁买走的，谁读了？通常不会是穷人。

如果走进富人的家里，你会发现到处都是书。我曾和一位成功的房地产经纪人交谈，他销售高档社区里的豪宅。他说，当他带一对夫妇看房子时，女士会问客厅和厨房在哪里，男士会问书房在哪里，办公室在哪里。他发现，当富人买房时，他们需要有个地方放书，因为书太多了。他们必须有一个书房。你能做的最吸引人的事情之一，就是在书房里设置一排排的书架，用来放书，富人会被它深深吸引。

我已故的朋友、企业家兼演说家吉姆·罗恩曾经说过，如果你走进富人的家里，你会发现到处都是书。你走进穷人的家里，看到的是他们能买得起的最大的电视，却没有书。穷人不读书。

许多富人建了专门的看电视的房间。我的一个好朋友，作家罗伯特·艾伦，他有一个可爱的家。他有一个完整的剧院，里面可以看电视。但实际上，你必须从房子的一侧走到另一侧，再下楼进入剧院才能观看。他这样做是为了避免盲目地看电视。不要简单到你晚上回家、早晨或周末起床时都可以打开电视。富人平均每天看电视的时间大概是一个小时到一个半小时。相比之下，穷人平均每天看电视的时间为 5 ～ 7 个小时。[○]

这些富人不看电视，干什么呢？与家人共度时光。他们与配偶交谈，与孩子交谈。孩子通过与父母交谈，问问题和听他们说话，可以发展自己的个性、自尊和自信。这是绝对必要的。

在最幸福的婚姻里，你晚上回家后，会与配偶聊聊天，人们称这段时间为"权能时间"（hour of power）。你不会问"遥控器在哪里"，然后跑去看电视，看一整晚。富人的生活习惯是这样的：他们不断地与家人建立关系，并一直在学习，一直在读书。

我和妻子有四个孩子，每个孩子都有成堆的书、书柜和图书馆。他们一直在读书，似乎比我读的还多。我已经是个超级读者了，每天读书不少于 3 个小时，有时甚至更多。

读书是成功人士的习惯。如果你想成功，如果你想

───────

○　此处仅代表作者所在国家的情况。

变得富有，就去做富人做的事。如果你想成为穷人，那就像穷人那样做吧。

拿破仑·希尔写了历史上最成功的关于财富积累的书之一：《思考致富》。他造就的百万富翁可能比历史上任何其他作家都多。人们称他为百万富翁缔造者，顺便说一下，这就是他的目标。他的目标是成为家喻户晓的百万富翁缔造者。他做了22年的研究，采访白手起家的千万富翁，了解他们是如何致富的。他把这些都放进一个方法体系里。这个体系简单易学，就像菜谱，按照"菜谱"做，就可以掌握。

我不是一个好厨师，但是有些菜我做得非常好。最近有人问我为什么这么擅长做这些菜。这是因为练习，我一遍又一遍地练习。我第一次做的时候，一点也不好吃，但几周、几个月后，我发现不仅味道很好，而且做起来毫不费力。通过练习，我可以很自然地做出这些菜，而且味道绝对正宗。

过去，我根本不会做饭，但现在我会了。曾经，我对销售一窍不通，但现在我熟悉了。我已经教会了83个国家的200多万人如何销售。

有人说："你改变了我的生活。你让我发了财。我没有意识到销售是一项可以掌握的技能。我以为你只是出去敲门，希望能和需要你产品的人谈谈。我没有意识到这是一门科学，是一门艺术，是一种实践。"

拿破仑·希尔继续他的研究，并写了另一本书，名为《致富秘诀》。他写了许多书，《思考致富》和《致富秘诀》是其中最伟大的。《致富秘诀》最后一章最后一段的结尾是："致富的秘诀是自律。"

成功是因为高度自律。关于这个主题，我写了一本畅销全世界的书，书名是《没有借口：优秀的人都自律》。世界各地的人排着长队，拿着以他们语言翻译的版本，让我在上面签名。

我仔细研究过这个问题，我发现如果你自律，那么你几乎可以完成任何事情。如果你不自律，那么你将一事无成。即使周围充斥着各种分散注意力的东西，人们还是可以训练自己远离这些东西，从而成就非凡的事业。

今天，要想在生活中取得成功，关键之一是关掉电子设备。如果它们是开着的，关掉它们。如果你必须查看邮件及即时通信信息，每天最多查看两三次。打开，查看，然后关掉，因为它们太容易分散人的注意力。当邮件通知声响起的时候，你会忍不住去看看到底有什么消息。这就像是下意识的反应。人们称之为"老虎机效应"。

人们坐在那里，电子邮件老虎机发出"哔哔"声，他们想："啊，我赢了什么？我一定是赢了什么。"他们立即打开电脑查看电子邮件。如果是一封垃圾邮件，他们会说"见鬼"，并顺手把邮件发给别人，这就相当于按了别人家的门铃。一封邮件被转来转去，就像门铃响个不停——叮叮叮叮。

在被电子邮件或短信分散注意力后，平均需要17分钟才能回到工作中。有些人花的时间多，有些人花的时间少，还有些人再也没有回到工作中。他们在上午11点处理邮件，分心了，到了11点17分，他们会说："天哪，都快到午餐时间了，刚才那项工作午餐后再做吧。"他们去找可以共进午餐的人，然后出去吃午餐。回来以后，他们又想，"该和同事联络联络感情了"，于是他们去聊天、打电话、发邮件。所以，把手边的电子设备关掉吧。把它们通通关掉，形成纪律。

电子邮件：工作甜点

今天，很多人管理不好电子邮件。有些人的收件箱中有数千封电子邮件。就我个人而言，我每天第一件事就是清理邮箱，然后一整天都专心工作。

其中一个技巧就是训练自己早上先执行最重要的任务，完成任务后，通过查看电子邮件来奖励自己。查看电子邮件有点像工作中的甜点，因为人们喜欢它。

你不要受发件人的控制，要勇于删除垃圾邮件。我每天收到各种邮件，它们很诱人，有吸引人的套路，有潜在的利益以及其他各种东西。你要做的就是删除、删除、删除，不要被它们引诱过去。

几年前，我的一个朋友朱莉·摩根斯坦恩写了一本很棒的书：《永远不要在早上查看电子邮件》。我的另一个朋友黛安娜·布赫写了《克服邮件超载》。这些书讲述该如何管理电子邮件，让邮件成为仆人而不是主人。

有很多小技巧。我已经提到了其中的几个。只要遵循这些规则，电子邮件的诱惑就不起作用了。每天只检查两三次电子邮件。确切地知道如何处理电子邮件，在必要时才将其归档，在必要时回复邮件，然后继续进行其余的工作。

同样，纪律就是一切。20 世纪美国最伟大的思想家之一，阿尔伯特·哈伯德说："自律是成功的关键。"他说："自律是一种能力，让你做应该做的事情，无论你是否喜欢做。"

注意：无论你是否喜欢做。任何人只要愿意就可以做任何事情。可以吃美味的食物，可以喝美味的饮料。可以听音乐。可以和朋友聊天。可以做有趣而轻松的事情，而不是困难但有价值的事情。

你的任务就是练习自我约束。每一个自律的行为都需要坚持，而每一个坚持不懈的行为都会帮你建立自尊心。它让你觉得自己更强大、更快乐。心理学家称之为控制感。当能掌控自己的生活时，你才会感到快乐。

如果你下定决心，要开始并完成一项任务，开始的时候需要自律，继续的时候需要坚持。完成任务后，你会觉得自己很了不起。

习惯就是采取行动，从行动中获得积极的反馈，然后再次采取该行动。你重复执行这些操作，直到一切变得自然而然。培养自律的起点就是养成开始和完成任务的好习惯。

另一件对我有帮助的事情是把任务写下来。我认识的成功人士手边都有记事本，或小或大，随身携带。

一个例子是维克·科南特。他到哪里去都带着记事本。你一开始讲话，他就会打开记事本。不管是聆听服务员说话，还是听他的秘书说话，他在听任何人说话时，都是这样。每当你说出有价值的内容，他就会写下来。他成为美国最成功的商人之一，也是世界上音频录制和销售领域影响最大的商人之一。他通过自律获得了这些成就。

时间管理

高生产力还需要计划和组织。这意味着，当你工作的时候，你要一直工作，这对大多数人来说是陌生的。

有些人直到上午 11 点才真正上班。当他们上班时，第一件事是和朋友打招呼。"你好吗？你在电视上看到这个了吗？你对此有何看法？"最后，大约 11 点了，他们意识到："天哪，快到午餐时间了。我最好干点活。"

他们做一些工作，然后去吃午餐，直到大约下午 3 点才又重新上班。很快，又到了大约下午 3 点半或 4 点，他们会说："好吧，都这个点儿了，啥都做不成了。"所以，他们不想干活了，打算提前下班。

你有没有注意到，当你在下午 4 点半回家时，路上已经堵得水泄不通了。不是还没到下班时间吗？怎么会有这么多人在路上呢？他们应该还在工作呀！

我高中肄业，读了一半就没读了。我只能找一份在小旅馆后厨洗碗的工作。在那之后，我开始洗车，然后做清洁服务，洗地板。我认为自己这辈子就是帮人洗东西了。我晚上睡在汽车上，或者睡在朋友单身公寓的地板上。父母不希望看到我，我只能睡在他们的地下室里。

然后我开始思考为何别人能成功，开始寻找答案。我读了亚里士多德的书，他是历史上最伟大的哲学家，他对成功有着深刻的见解。

亚里士多德说，人都是习惯的产物。你早年养成的习惯，决定了你是否做一件事。父母的作用是帮助孩子养成良好的习惯。养成良好的生活习惯，就会有良好的性格。

这使我们回到了当前的主题：你的习惯决定了你现在的处境和位置。我的朋友，励志演讲家艾德·福尔曼曾经说过："养成好习惯，让它来引导自己，而不是让不良习惯毁了自己。"因此，你人生的主要目标是养成积极的习惯。

当我刚开始研究个人的成功时，我发现关键在于培养新的习惯，这需要大约 21 天的重复。当然，这不是绝对的，因为有时候你可以一下子养成一种习惯，有时候某件事情会永远改变你的想法。其他习惯，例如戒烟或改变饮食以减轻体重，是一个较长的过程。在大多数情况下，习惯需要不断地重复，直到某个时点才会固定。

最重要的一个习惯就是在工作时要专心。我们到了一定年龄都会去上学，在学校里和同学们一起玩耍。刚上幼儿园或刚入学时我们会有点害怕，但是后来发现这里有很多好朋友，可以和朋友一起玩。于是，我们开始盼望去上学，学校成为生活中的主要场所。

随着不断成长，我们以不同的方式玩耍，玩成年人的游戏，运动，成天和朋友玩。我们只追求完成必修课，这样就不会被学校开除，就可以继续待在学校，基本上是混日子。

当我们离开学校并找到第一份工作时，我们再次感到紧张和恐惧。第一份工作的第一天，通常是最恐怖的日子。我们去上班，感到很紧张，忍不住东张西望。我们看到很多同龄人，他们相当友好。你与同龄人交往时会做什么呢？就和在学校一样，玩耍。

工作场所成为我们主要的游乐场。我们去上班，由于早年养成的习惯，我们和朋友们在那里玩耍。当然，我们也会完成一些必要的工作，否则公司就不要你了，他们会开除你，你就失业了。因此，你不得不完成必要的工作量，然后就可以和朋友一起玩了。你期盼见到你的朋友，期盼下班然后出去玩，并期盼周末。

最重要的是养成全神贯注工作的习惯。反复告诉自己，工作场所不是游乐场，是工作的地方。当在8点半或更早时间走进公司，你要做的就是开始工作，工作一整天。

如果有人想与你聊天，请告诉他："我很想与你交谈，等我忙完了再聊吧。我们可以在午餐时间聊天"，或"我现在想与你聊天，但是我有工作要做，必须尽快完成。我的老板等着呢"。

如果你这样说了，他们就不会打扰你工作了。他们会说："好，我稍后再与你联系。"最终，他们会走开，因为你毫无兴趣，不想在工作时间玩。

你要做的就是一直工作下去。

你还需要养成另一个重要习惯，那就是完成你的任务，善始善终。这是高生产力的关键。在工作的时候努力工作，完成任务。一旦开始一项任务，就埋头苦干，直到任务完成。

当今社会的主要压力是我们被未完成的工作压得喘

不过气来。因此要设定任务的优先级："如果我一天只能完成一项任务，那么哪一项任务会对我的职业生涯产生最大的积极影响，对我的公司或我的业务有最大的帮助？"不管是什么，选择一项任务，开始执行，一直做下去，直到完成为止。

我有个奇妙的发现：完成一项任务可以提高自尊和自信。这会让你赢得别人的尊重和钦佩。这是获得高收入、赢得更多机会和更多工作以及肩负更多职责的关键。对于工作来说，最重要的就是任务的完成。不是做工作，是完成工作。

一定要考虑任务的完成情况。这非常像参加比赛并获得第一名。如果你参加比赛并获得第一名，他们叫你什么？赢家。是的，你没听错。

当你完成一项任务时，你会觉得自己是赢家。没人可以与你竞争。彻底地完成任务让你觉得自己是一个大赢家。你的自尊心上升，能量增加，你感到很高兴。你周围的人，尤其是对你的职业生涯影响最大的人，对你微笑，喜欢你。他们告诉别人："有事找崔西，工作安排给他，他会把它做到最好。他会不断努力，加班加点，周末也会工作，他会把事情完成。"

当我参加工作时，我养成了善始善终的工作习惯。

有时我会工作到深夜，甚至整个周末都在工作。我曾为一个大老板工作，他的公司发展迅速，旗下有200家企业。有一次他周五给我一份工作，说："这对我很重要。如果你能完成这项评估并写出报告，我将不胜感激。"

我说"可以"。当时是周五的下午，我一直工作到那天晚上8点。我给妻子打电话，告诉她我要晚点回家。那个周六和周日我都在工作。周一早上，我把整个报告都打印好。

大老板一般都是上午10点到办公室，当他到办公室时，报告已放在他的办公桌上。他走到我的办公室，说："这太了不起了。谢谢你办好这件事。这件事其实并没有那么紧急，一两周内完成都可以，但非常感谢你这么做。"

该报告是对一个涉及数百万美元的商业机会的分析。当天晚些时候，银行负责人给他打来电话，说："听着，我不想给你任何压力，但是我需要马上拿到那份报告，才能批准你公司的贷款。"贷款额度为5000万美元。

我的老板说："我已经做完了整个分析报告。马上寄给你。"他寄出以后，银行批准了这笔贷款。这对公司产生了重大影响。老板来找我，告诉我发生的一切，他再次告诉我他是多么感激。他不是个健谈的人，但从那以后，只要有事情需要尽快完成，他就会交给我。

我从一个小办公室换到一个大办公室，再到公司的第二大办公室。我从独自工作到深夜，到有了下属来完成我的工作。我从干一份不起眼的工作发展到管理公司的三个部门。我从吃力奋斗到挣得这辈子最多的收入。

多年后，我聘请了这家公司的财务总监来打理我的生意。他说："崔西先生，咱们大老板付给你的薪水、奖金和提成比其他任何人都要高。"在大老板的职业生涯中，有数百人为他工作。他总是对别人说："如果你有什么事情要做，交给博恩·崔西，他会做得又快又好。"

获得成功、高生产力、高收入、机遇，以及使自己感觉良好并受到周围人尊重的关键是：又快又好地做好自己的工作。

工作的时候，要专心完成每一项任务。永远不必担心完成得太早。要获得良好的职业口碑，这样人们就会说："如果你想完成工作，就把它交给这个人。他会把它做好，而且很快。"

你的口碑如何？你的口碑和公司其他人有什么不同？人们是否会说，如果想要又快又好地完成工作，就把它交给你，而不是交给别人？

好好想想，因为决定你未来的最重要的因素是人们背后对你和你工作的评价。

成功的意义

在我十几岁时，有一个问题改变了我的生活：为什么有些人比其他人更成功？后来，另一个问题出现了：什么是成功？成功就是赚很多钱吗？

不，成功是过你想过的生活，做你想做的事，做你喜欢的工作，与那些你喜欢、尊重的人一起工作。

成功最重要的是获得自由——感到完全自由，找回自己，做自己想做的事情，可以随便换工作。对我来说，自由是人生最大的乐趣。

当前美国经济很繁荣，可能有约 700 万个工作机会，比世界上其他任何国家都多。大大小小的公司都需要人才，但无论它们愿意出多少薪水，总有缺人的时候。因此，它们打广告、做推介，招聘和培训，然后解雇这些人，继续找其他人。

如果你想要完全自由，并感受美好的生活，请成为能干活的人。老板给你一份工作，你就赶紧去做，又快又好地完成。你不要抱怨，不要埋怨，别说自己很忙或不堪重负。

我一生中从未拒绝过任何工作。年少清贫的时候，我并不知道这种态度很重要。对我来说，工作就是成功的机会。它们为我打开了一扇门。我的老板说"这是门，进去吧"，我照办了。

公司中的平庸之辈都讨厌我。他们在背后谈论我，说我坏话，因为我一直在工作。他们总是聚在一起喝咖啡，然后去吃午餐，饭后聊会儿天再回去上班。下午快下班时，他们又跑出去喝酒。但是我一直在工作。

我读了一篇关于棒球运动员皮特·罗斯自传的评论。人们以前叫他皮特·奔跑者，因为"奔跑"是他的哲学。他父亲教他在球移动时要快速移动。我见过他一次，他是个不错的人。每个人都喜欢他。他很积极、乐观，他是个"奔跑者"。他跑得很快，并且非常坚定和执着。他是美国棒球史上最优秀的球员之一。如果在职业生涯中不出问题的话，他将进入名人堂。

因此，我一直认为皮特·奔跑者值得每个人学习，学习通过成为"奔跑者"赢得尊敬。如果有人想要做一件事，并且需要又快又好地完成，他们就会把它交给你，机会的大门就为你打开。

当我准备离开大老板时（他以8.5亿美元的价格出售了公司，退休后改做小生意了），我立刻就被加拿大西部第二富有的人雇用了，这个亿万富翁打电话给我说："你能来为我工作吗？"

"当然。"我说，因为我觉得这是个机会。

"你从大老板那里挣多少钱？"他问："他付你多少钱？"我告诉了他。他说："我会付给你三倍的钱。你什么时候能过来上班？"

我与大老板谈了谈，告诉他我要继续前进了，然后我就和后面这位先生一起工作了。他立即让我负责公司一个2.65亿美元规模的部门。

会办事的名声很快改变了我的生活。这是你可以培养的最重要的习惯之一。养成良好的习惯，通过练习养成习惯。你在培养新习惯时，永远不要允许例外出现。切莫给自己找借口，也不要以本周很累、工作太费力、事情太多为借口。

没有借口，这就是我一本书的名字，它也是当今世界该主题最畅销的书之一：《没有借口：优秀的人都自律》。

第 2 章

生产力的心理学基础

我觉得重要的是，不要仅学习技巧和策略，还要更深入地了解相关的心理学基础，包括销售、领导力、谈判、说服和取得成就等方面的。

为什么？拉尔夫·沃尔多·爱默生和厄尔·南丁格尔说过：大部分时候，你内心怎么想，你就会怎么做。你的外在表现是你内心的反映。在生活中，你无法获得自己需要的东西，只会得到自己想要的东西。吸引力法则说的是，你会把那些与自己的思想很合拍的人和环境吸引到生活中来。

世界上最美妙的事情是，你能完全控制自己的思想。你越是积极地看待自己和自己的潜力，就越有创造力。

每个人不仅具有意识，而且还具有潜意识。潜意识很容易被误解。简单来说，这是一个巨大的思想库，存储了你一生的经历，并且在需要时可以随时把信息提出来。

每个人都有一个具有超意识的大脑。超意识可能已经存在 4000 年了。这是人类与宇宙中最伟大的心灵进行对话的能力，所有人都可以求助于它。它就像一个伟大的思想，一直笼罩着我们。正如我们今天可以进入互联网，我们也可以进入超意识。如果我们付出足够的时间和足够的努力，并以正确的方式去努力，它将带给我们想要的一切。

我发现所有成功人士都意识到这一伟大心灵武器的存在。我曾与一位非常成功的女士交谈，我说："你一定听说过超意识。"

"当然。"她说。

如果你用非常清晰的思想来培养这种超意识，它将在合适的时间为你带来想要和需要的一切。如果你想要快乐，请打开你的超意识。

这让我想起了我人生中的一个重大转折点，那就是我发现了自尊的作用。自尊可以描述为对自己的喜欢程度，对自己的尊重程度，觉得自己有多少价值。自尊几乎决定了生活中发生在你身上的一切。此外，发生的每件事都会增加或降低你的自尊心。生活中没有什么是中立的。

我在第一个孩子出生之前就认识到了自尊的重要性。我和妻子都认为，首要目标是培养孩子的自尊心和自信心。我们所做的一切都要聚焦到这一点上。我们刻意避免批评他们，从未惩罚过他们，从未做过任何会削弱他们的自尊心或自信心的事情。

我的第一个孩子，我的小白鼠，是女儿克里斯蒂娜，然后是儿子迈克尔、大卫，还有小女儿凯瑟琳。我一遍又一遍地向他们重复这个过程。正如《荒野西部》中讲的那样："让丧气话滚开。"我的孩子从未受到过批评，我也不鼓励他们自我局限，因为我告诉他们，他们真的很优秀，他们可以做任何想做的事情。

此外，95% 的情绪是由你与自己对话的方式决定的。你最好的直白地肯定自己的表达是："我喜欢自己。我喜欢自己。我喜欢自己。"当你越是尽全力去做自己想做的事情时，你越喜欢自己，你就做得越好，会变得越来越有信心，越来越快乐，变得有能量。要对自己说

"我喜欢自己。我喜欢自己。我喜欢自己"。

最近，有个年轻人联系我，他刚刚成为一家发展迅速的技术公司的总经理，他说："我要告诉你关于我的故事。你可能不会相信，但是我可以发到你的手机上，我给你发语音。"他把事情的来龙去脉用语音发给了我。

他起初在商场里卖手机，工作了一个多月，一部手机都没有卖出。人们对他说："我不感兴趣。我不要。我不需要。我已经有手机了。"他很沮丧，陷入绝望。

他在商场的书店发现了我的一本书——《销售中的心理学》（这本书详细解释了思想如何决定销售）。他读了这本书，被"我喜欢自己"这句话深深地打动。

第二天，他在停车场停了下来。他拿出书，翻到那一页，开始一遍又一遍地重复："我喜欢自己。我喜欢自己。"当他在那里非常热情地自言自语时，他看到人们从车旁走过时，对他指指点点，他还是笑着说："我喜欢自己。我喜欢自己。"

然后他起身走进商场。从那一刻起，他成了"销售机器"。他卖啊卖啊。不到一个月，他成为公司最好的销售员。不到两个月，他当上了主管。不到三个月，他成为一名高管。不到四个月，他开始自己创业。每天，他都会说一句"我喜欢自己"，以让自己兴奋起来。

你也是一样，你能对自己说的最有力的话就是"我喜欢自己"。然后你对自己说"我可以做到。我能做到。我能行"，一遍又一遍地说。

如果你想培养出快乐、健康、自信的孩子，请经常告诉他们："你可以做到。你能做到。你可以做任何自己想做的事情。如果你真的想做的话，没什么能难倒你。"请记住，你对仰望你的人有最大的影响力——你的孩子、配偶、员工、朋友，无论何时你都要告诉他们"你能行。只要你用心，你可以做成任何事情"。他们相信你，很快，这就成为他们的信仰。

你越相信自己是一个高生产力的人，每天都能开启并完成任务，你会感到越快乐，越有能量，越喜欢和尊重自己。你会更有动力早上班，努力工作到很晚。你会更有动力去学习，把自己、老板和公司最重要的事情完成好。你将成为一台学习机器。你迫不及待地要学习新知识，这些新知识使你更有能力并且更快、更好地做更多工作，服务那些期待你做出贡献和赏识你的人。

许多人的行为恰恰相反。他们看不起自己。他们内心总是在念叨"我没能力"，这样的想法不断强化，然后毁了他们。

阻碍你成功的最大障碍是害怕失败，害怕自己做不好、被拒绝，害怕别人不喜欢自己、批评自己。这就是你最需要克服的两个恐惧。令人惊奇的是，你越是说"我喜欢自己"和"我能做到"，这些恐惧就越小，它们会逐渐减少，直到消失。如果它们出现在你的脑海中，立即将它们赶走。

有了自我限制的想法，你就会认为自己在某种程度上受到限制——你的天赋和技能有限，你不够好，你不够吸引人，你技术不够熟练。人类最大的问题可以概括为一句话："我还不够好，其他人比我更好。"

所以，我告诉我的学生，他们和他们遇到的任何人一样好或者更好。当你一遍又一遍地重复"我喜欢自己"和"我能做到"时，你最终就会相信它。这时，你的消极、自我局限的信念正在减弱。

因此，要一遍又一遍地告诉自己。对你生活中最重要的人说："你可以做到，而且你真的很擅长。你真的很棒。"

当我的孩子四五岁时带着自己画的第一幅画从学校回家，然后把它们给我看，我对这些画大加称赞。我说："这是你画的吗？是你自己画的吗？谁帮了你？肯定有人帮你完成它？"

他们说："不，不，我自己画的。"

我说："这太不可思议了。我简直不敢相信。"我告诉妻子："芭芭拉，你快看看这个。你不会相信的，这是克里斯蒂娜自己画的。这真的太了不起了。"我们将画贴在镜子或冰箱上。

即使他们的成绩很差，我们也会说："这只是暂时的。下次你会获得更好的成绩，信不信？"

他们会说："是的，我会的。"

"很好，没问题。你很聪明。"

你可以与家人一起做同样的事情。

就像我在本章开始所说的那样，在大多数情况下，你想什么就会得到什么。

大多数时候，你说什么就会来什么。大多数时候，你对别人说什么，你就会变成什么。所以，当你告诉别人积极的事情时，这些信息会反作用于你。你会感到积极、快乐、强大，自尊心也随之提高。你所使用的词具有巨大的力量。

你受到什么样的教育，就会成为什么。之前我提到过皮特·罗斯。皮特·罗斯之所以出名，是因为在他四岁时他父亲就教他打棒球。谁是当今世界上最受尊敬的高尔夫球手？伍兹。老虎伍兹四岁时就和父亲一起打高尔夫球。从四岁起，他的父亲就指导他，肯定他，鼓励他，他在六岁的时候就打败了父亲。当你还是个孩子时，你打败了父亲，打败了你们家最棒的高尔夫球手，你是什么感觉？老虎伍兹后来成为历史上最受尊敬的高尔夫球手之一。

请记住，你说的每句话，你从自己身上投射出来的每句话都会反弹回来，所以多说一些你希望变成现实的东西。永远不要对自己说一些你不希望出现的事情。永远不要说你迟到了，或者你没有条理，或者你忘记了事情。多谈论自己未来想成为的样子。

生产力和真实感

有些人认为，如果一直努力工作，保持专注，不停地干活，直到完成任务，将在繁重的工作中迷失自我，找不到真实的自己，失去了真实感。这种认识是不正确的。当投入工作并完成任务时，你会感到更加快乐。你开始为完成工作以及准时完成工作感到高兴。

我建议你写一个计划，每天都按照这个计划去做，直到这些事情对你来说变得自然。你会自然而然地完成工作，也会自然而然地与他人相处。

就像我说过的，很多人把大部分工作时间浪费掉了。据估计，大约有 50% 的工作时间浪费在非生产性的活动上。只有大约 50% 的时间花在了实际工作上，而在这些工作中，很多都是低价值或根本没有价值的。

因此，让完成工作变成一种习惯，因为这样的话，你会感到快乐。主动帮助别人，让他们也能启动和完成工作。请记住，当今大多数人的工作能力远远低于其潜在的生产力水平。

80/20 法则开始生效。80/20 法则是一个可怕的法则。它说的是，20% 的人可以赚到 80% 的钱。如果你处于底部的 80% 的人群中，你将永远背负债务，将一直缺钱。你将很难得到别人的尊重，除了同样处于底部的 80% 人群，而那些人的尊重是没有多大价值的，而且很快就会消失。你希望得到前 20% 的人的尊重。

我的一个朋友成为他所在公司的全国销售冠军。他说，刚开始工作的时候，他处在最底层，和其他初级销售人员一起。这些人走进办公室后就开始看报纸、聊天，然后出去吃午饭。

然后我的朋友注意到了改变他一生的事情：在公司的三四十个销售人员中，大约有六个人非常优秀。这些人经常在一起，他们没时间和业绩平平的员工在一起。

他说:"想成为一名优秀的员工,我就应该和优秀的员工交往。我该怎么办?我要请教他们。"

因此,他去找业绩最好的同事,说:"我想像你一样成功。你是如何安排时间,如何让自己比普通人更有生产力的?"

那人说"我在用这套方法",并向他介绍了该方法。

我的朋友说:"非常感谢。我真的很感激。"他立即将其付诸实践。

这是我所学到的最重要的事情之一:当你有了一个好主意后,立即采取行动。不要等到明天或下周,立即做。如果有人告诉你一个好主意,请立即执行,然后告诉他们:"我做到了,这对我真的很有帮助。你还能建议我做什么或不做什么吗?"

他们会说:"你还可以这样做:总是比别人来得早一些,这样的话,你可以在其他人上班之前就开始工作,你就更有可能一整天都待在这里,持续不断地工作。"

"哦,非常感谢你。这真是个好主意啊。"当别人给你一些建议时,请写下来。携带一个笔记本,把建议写下来。

然后,我的朋友开始请教其他同事。他说:"你知道，我问过比尔和苏珊，他们给了我这个建议。你想给我什么样的建议？我想像你一样成功。"

人们都会给他建议。他说："很快，他们邀请我共进午餐，或者与他们一起吃早餐。很快，我就把所有时间都花在了与高层次人员交往上，我的销售额也越来越高。"

"当我参加所有顶级销售人员参加的大型年度销售会议时，我做了同样的事情。我走到那些获得奖项的人身边，然后问他们：'你是如何获得全国最佳销售人员奖的呢？你的秘诀是什么？'

"他们说：'这是我做的一件事，这是我读过的书，或者这是我每天都会做的事情，它对我有很大帮助。'

"他们告诉我成功的秘诀，我就照着做。几年之内，我成了全国最出色的销售人员之一，而我的收入是其他人的一二十倍。

"我还发现，没有其他人问过这些杰出人物他们如何做到多年来一直获奖。我是第一个提问的人。他们将书寄给我，因为他们知道我会阅读并采取行动。"

因此，首先要做的就是向你所在领域的优秀人士请教。你会惊讶地发现，人们很乐意给予建议或反馈。其次，当他们给你建议时，请立即采取行动，并予以反馈，告诉他们你做了什么，发生了什么。

记住，每个人都是从最底层开始的，但是你不必一直待在最底层。

真正的自尊

现在谈谈自尊。一方面，成就通常与自尊紧密相关。另一方面，当你的自尊程度无法准确反映你的实际成就时，你是否有可能夸大自尊呢？例如，研究表明，美国学生对自己的智力和知识的自尊程度要比外国学生高，但后者实际上在这些素质测试中的得分更高。

我不太相信人们假的自尊水平。人们有时候会表现出自负或自大。他们对自己的估计过高，而且很容易泄气，就像一个气球。一旦遇到挫折，就会自暴自弃，失去自信，因为那不是真正的自尊

真正的自尊，是你打心底里喜欢自己，你工作干得好，周围的人也喜欢你，尊重你。如果有人批评你，你就当没听见，不去理会。

如果你认为自己做得很好，老板却把你叫到一边说"你知道吗，你的表现糟透了"，这将真的伤害你的

自尊。

因此，存在真自尊，也存在假自尊。真自尊基于实际的业绩和成就，这些成就不仅被你自己认可，也得到周围人的认可。假自尊是你编造的，没有任何基础，你没有取得任何有价值或优于他人的成果。

缺乏自尊是人们面临的最大问题之一，因为这就像踩刹车，它会减慢你的速度，阻碍你前进。它会削弱你的自信心，使你看到自己消极的一面。

如果你喜欢自己，当有人批评了你，你只是笑一笑。每个人都有权表达自己的意见。这些意见根本不会影响你，因为你的自尊是真实的。

我让我的孩子从父母这里只会听到积极向上的称赞和鼓励。这并不意味着我们不争论或没有不同意见，但他们从未遭到批评，因为来自尊重的人的破坏性批评是性格形成过程中的最大毒瘤。破坏性批评是最糟糕的。

每当你看到一个有问题的成年人时，你都可以追溯到他在出生后四五年内受到过破坏性批评。如果一个孩子从小就不断受到鼓励和称赞，他将在以后的生活中表现得坚强、积极和自信。

好消息是，如果你没有从你的童年获得这种积极的感情基础，你可以自己弥补。你可以成为自己的啦啦队长。从现在开始以积极的态度跟自己对话。

比如，爱迟到是你的毛病，这可能是你从父母一方或双方那里学到的：他们爱迟到，所以你也爱迟到。或者你的朋友或同学经常迟到，因为你想和他们好好相处，所以你也这么做了。

假设你想守时，你说"我是一个很守时的人"，结果你还是迟到了。你说，"这不像我，我是一个很守时的人。有时我会犯错误，但总的来说，我是一个非常守时的人。我几乎什么事都准时。为了防止突发状况，我总是想办法早点到。"

你自言自语。你将成为自己的啦啦队长。你跟自己说你想要成为的样子，而不是你现在的样子。如果犯了一个错误，你会说："我犯了一个错误，但这不是我本来的样子。那只是偶尔犯的一个错误。我实际上是守时的。"

我给你们举一个例子。对孩子来说，童年的最大挑战之一是恐惧：害怕失败，害怕自己不如别的孩子，等等。他们容易失去热情，然后退出体育或其他活动。

我记得自己对儿子大卫说过："作为父亲，我知道你的信条是'永不放弃'。"

"哦，不是的，爸爸。当我摔倒了，或者在空手道、棒球等方面做得不好时，我就放弃了。"

"不，不，"我说，"你可能会这么想，但实际上，你从未放弃过。我是你的父亲，我比任何人都了解你，有时候你打算退缩，但你从未放弃。"

有一次他正在和朋友一起玩，他们在谈论性格，大卫对他们说："好吧，我对自己了解一点，那就是我从不放弃。"当我听到他这么说时，我对自己说："哇，太好了。"

直到今天，如果你问我的任何一个孩子"你是那种会放弃的人吗"，他们会说"绝对不是，我永不放弃"，因为我一遍又一遍地告诉他们："你真棒。你从不放弃。"

他们从不放弃。他们是否尝试过很多没有成功的事情？当然，但他们从不放弃。所以你也要告诉自己："我从不放弃，我从不放弃，我从不放弃。"你要告诉孩子："你永不放弃。我为你感到骄傲，因为无论发生什么事情，你都不会放弃。你尝试了许多不同的事情，但从未放弃。"

"可是这个呢，那个呢？"

"啊，那本来就不适合你。你接着找更适合你的事情。你从不放弃。"记住，任何时候你鼓励和表扬别人，都会产生反射效果。它会反射到你身上，也会提高你的自尊和自信。

想象和肯定

我继续说想象的力量。你内心怎么看待自己，你的外在表现就是什么样的。你要在内心世界为外在表现构建出最好的画面，因为只有你才能控制自己的内心画像。因此，你可以在内心的画面中将自己塑造成最优秀的人。

有上千种方法和技术在内心的画面中将自己塑造成最优秀的人。假设你想身体健康。你可以拍一张穿着泳衣、身体很棒的人的照片，然后贴在冰箱上。你再给自己拍张照片，把那个人的头像换成你自己的头像。以后你每次走到冰箱前，都会看到一张你的脸和一个身材很好的人的照片，你的潜意识就会记住它。当你考虑吃东西时，当你考虑运动时，当你想到体重时，当你想到衣服时，该图片会反复出现。

你还可以树立信念，比如"我永不放弃"，并写十次。就像在学校里，老师们经常让你写下做过的错事的反义词："我总是准时来上课"或"我总是按时完成作业"。他们会让你写 10 遍、20 遍、50 遍，甚至 100 遍。为什么？因为反复写下的任何内容都会在你的脑海中形成一幅画面。

每次你写下一个指令，就会看到这个画面。写下"我永不放弃"，你会发现自己真的就不会放弃。如果写下"我比任何人都工作得更久、更努力"，你会发现自己工作的时间越来越长，自己也越来越努力。不久，你的潜意识就接受了这条指令，并且你自动遵守该指令。

某些习惯使你更容易养成其他习惯。其中之一是选择你喜欢的品质，然后把这个品质以现在时态写下来，进行自我肯定、自我强化："我总是守时。我早上第一件事就是开始工作。我整天都在工作。我工作的时候心思都在工作上。我完成了所有任务。"

写一个肯定句，然后抄十遍。你可以每天早晨一起床就抄十遍，直到你发现它已经融入你的行为方式。

接下来会发生这样的事情：当你不能准时开始工作，没有完成任务，你会感到不舒服。你会生自己的气。你会感到有动力回到正轨。

给自己设定了新的习惯，你就会比以前有更多的时间去做更多的事情。然后，你可以开始培养另一个习惯。你可以说："我总能开始做任务并完成它"，或"我总是以热情和尊敬的态度对待他人"。随着你的进步，你可以养成新的好习惯，而以前的习惯也会带给你更多的时间和机会。

扮演角色

另一种技术是扮演角色。演员穿上他们所扮演的角色的衣服，进入角色的真实场景，一遍又一遍地重复，直到他们真正成为那个人。实际上，有些演员在拍完电影后很难快速恢复自己的正常生活，因为他们会有些人格分裂。他们在拍摄电影的过程中，一直以角色的行为方式生活、走路、交谈、呼吸、说话，这可能需要持续六个月的时间，然后他们又获得了拍摄另一部电影的机会，他们又必须扮演其他角色，这就是电影演员常常变得神经质的原因。

这对你意味着什么？你可以塑造自己想要的个性。在符合自己的价值观、目标和个性的情况下，我想成为什么样的人？例如，我想成为一个积极、充满正能量的父亲。因此，我把自己想象成孩子们的好父亲。这些年来，我与孩子们经历过各种各样的事情，我总是以积极、充满爱心、鼓励的方式对待他们。

即使我内心愤怒、沮丧或失望，我也会意识到自己的所作所为会影响孩子们的想法和感受。所以我最好以积极的态度来讲话和行动。这就是他们的自尊发展的过程。

以最好为基准

我有一个演讲学院，我每两个月召集 12 个学员聚一次。在三天的时间里，我集中教他们如何做优秀的演讲。

我下载了著名演员和政治家的精彩演讲。我最喜欢的演讲之一是马丁·路德·金的《我有一个梦想》。19世纪最好的一篇演讲是亚伯拉罕·林肯的《葛底斯堡演说》。许多孩子在学校里都学过这些演讲，我下载并播放了它们，这样人们就会在脑海中形成一个伟大演讲者的形象。

你可以找温斯顿·丘吉尔著名演讲的录音，播放，听一听。你也可以找一本相关的书来读。这些资料会告诉你丘吉尔是如何准备这次演讲的，他是如何在页边空白处写笔记的，以及他是如何在家中来回走动，并与他的秘书和他的妻子一起工作的，直到他为在议会上做那个演讲做好充分准备。

在英国议会，丘吉尔发表演讲的时间会被排在议事日程上。人们看议事日程时会看到丘吉尔在上午 10：40 演讲。"温斯顿来了，温斯顿今天要演讲了"这句话在大厅里传来传去，来自各地的议员都会去议会，他们坐在自己的座位上，准备聆听丘吉尔的演讲。

我教学生如何像那些人一样做演讲。真是令人惊讶，从来没有做过演讲的人，在第一次演讲时就会得到起立鼓掌，因为他们的脑海中有人们站起来欢呼的画面。

你要找到自己领域里最有生产力的人，看看是否能读一下关于他们或他们日常习惯的自传材料，这样你就能把你所做的和他们所做的进行对比。

当我还年轻时，我了解到伟大的领袖在成长过程中也会去了解其他领导者。他们阅读各种传记和自传，然后形成领导者（各种具有非凡成就的人）的形象，包括军事或政治领导人，伟大的科学家或伟大的体育人物。他们把自己想象成那些人。

最终，他们让自己像那些人一样思考、走路、交谈和行动。

成为老师

还有一种技术是成为老师。正如我们所看到的，大多数时候你想什么，你就会成为什么。大多数时候，你读到什么，你就会变成什么。大多数时候，你对自己说什么，你就会变成什么。大多数时候，你教别人什么，你就会变成什么。

因此，如果你教给别人对你来说非常重要的东西，你就会将这些想法灌输到你自己的个性中。如果你教导别人勇敢，你自己就会变得勇敢。如果你教导别人严格要求自己或养成良好的工作习惯，那么你自己就会养成这些习惯。

你教什么自己就会成为什么，你教什么自己就会学到什么。如果你真的对某个科目感兴趣，你就会想更多地了解它，因为在你的潜意识和超意识思维的深处，你已经收到这样的消息：这些知识对你很有帮助。

类似的技术是成为他人的榜样。这些年来，我与成千上万的经理人一起工作。当你成为经理人时，每个人都会用余光注视你。他们在谈论你，议论你。他们经常想起你，在家里谈论你。即使他们没有直接盯着你看，他们也在暗暗留意，在观察。如果他们钦佩你，他们就会想成为像你一样的人。

你可以做的最奇妙的事情之一就是通过赠书来帮助他们。多年来，我给员工提供了许多书和音频。许多年过去了，他们回来对我说："你给我的那本书，改变了我。它彻底改变了我的生活。现在我是高管，有自己的公司，挣的钱比我想象的还要多。"因此请记住，当你占据权威时，每个人都在看着你。

许多年前，我在非洲，同阿尔伯特·史威哲博士一起工作。史威哲是一个了不起的人。他被认为是 20 世纪最伟大的人道主义者之一。后来我读了很多他的作品。他说，你必须以榜样的形式来教导人们，因为没有学校教他们。

在抚养孩子时，我了解到，在孩子成长的过程中，父母所树立的榜样比他们所说的任何话都要重要。孩子会忽略父母说的话，但会记住父母的所作所为。直到 35 岁，人们仍然受到父母言行的影响。

如果你想培养出快乐、健康的孩子，你要关爱他们的母亲，用尊敬和温暖的态度对待她，因为这样孩子才能真正成长。我有两个儿子，他们已经结婚，他们都对自己的妻子非常疼爱和尊重。他们从不与妻子争吵或打架。他们和妻子在一起总是很开心。他们有孩子，并且以同样的方式抚养孩子。我的女儿嫁给了一个不错的男人，他们有三个孩子。女婿对待我女儿就像我对待我妻子一样。我女儿在15岁时就被她丈夫吸引了，因为他具有我对待妻子所表现出的特质。在潜意识上，女儿想找个那样的丈夫。

他们在度假时相遇，那时候他们分别14岁和15岁。他们决定长大后结婚。他们长大后，完成了大学学业。最后，他们走到了一起，结了婚。一切都像是安排好了似的。对方吸引他们的地方，正是他们在成长过程中看到的东西。

第 3 章

高生产力的人都有强烈的目标感

当我们开始讨论更多的细节和策略时，最合适的是从这个思维策略开始：清晰的力量。你必须完全清楚自己的才能、技能和欲望。作为商人，你的具体目标是什么？你想完成多少销售额？你想赚多少钱？你想获得多少利润？

你还必须清楚产品或服务将为你的客户带来什么好处。你必须清楚你的客户是谁，他们想要什么，他们需要什么，以及他们愿意支付的价格。

你必须清楚自己的竞争对手。他们是如何获得你想要的客户的？是什么使他们在客户心目中更胜一筹？你必须了解客户如何看待你的产品以及竞争对手的产品。当客户既可以选择你的产品也可以选择竞争对手的产品时，为什么客户会选择竞争对手的产品？你的客户认为其他人的产品比起你的产品有什么优势？你可以采取什么措施来抵消这些优势？

在第二次世界大战中，德国人和俄罗斯人都有狙击团。一名俄罗斯女狙击手杀死了 387 名德国人，这比一场战斗中死亡的人数还多。在中东战争中，一个狙击手比一支部队杀死的人还多。

这就是为什么我强调清晰度。你犯的每一个错误，都是因为你不清楚你想要完成什么，不清楚自己的目标。花时间弄清楚这一点确实很重要。

曾有人问爱因斯坦，如果有一个重大问题会导致人类毁灭，他有一个小时来解决，他会如何分配时间。他说："我会用 90% 的时间搞懂问题，用 10% 的时间去实施解决方案。"

亚历山大大帝被认为是有史以来最伟大的将军。亚历山大征服了当时已知的世界，从地中海一直到印度。他会与将军们在帐篷里待几天，策划每场战斗。他们要和以前从未交过手的敌人作战。他们会花时间进行研究，做情报工作，弄清楚他们真正的敌人是谁，敌人将如何袭击他们，他们自己如何才能取胜。

亚历山大与人数是自己十倍的军队作战，他赢得了每一场重大战役。他征服了当时已知的世界，包括山脉、沙漠和河流，取得一次又一次的胜利，因为他投入了时间彻底弄清楚他在对付谁，以及他要怎么做才能赢得胜利。

因此，如果你想赚到比竞争对手多 5～10 倍的钱，你就必须更清楚地知道，自己所做的或能做的比竞争对手更有价值。

例如，IBM 于 1928 年开始销售数据处理卡打孔机。随着时间的流逝，其规模越来越大。它熬过了大萧条。在 20 世纪 60 年代，它推出了名为 360 的机器，这是第一款重要的数据处理计算机，在市场上掀起了一阵风暴。到 1982 年，它已经占据了全球电脑市场 83% 的份额。

它取得如此惊人的销售额的关键是什么？ IBM 的产品从来没有比竞争对手的产品更好、更快或更便宜。它总是缺乏竞争对手的某些优势和长处，总是比其他品牌贵。尽管如此，它还是售出了世界上最多的电脑。

为什么？因为 IBM 有一种称为内部收益率（internal rate of return）的销售方式，即 IRR。他们说，如果你购买 IBM 的产品，你将在特定时间段内收回购买成本。在那之后，产品将基本上是免费的。从那时起，当你使用该产品时，它将增加你的利润。实际上，与没有购买这台机器相比，你将获得更多的收入。他们确切地证明了，使用该产品你每年将节省多少成本或获得多少收益。

他们说："如果你购买我的产品，它基本上是免费的，而且还能带来利润。你需要先付款才能得到产品，但之后产品会带来收益，相当于产品在替自己付费，然后年复一年、一次又一次地为自己付费。因此，你使用产品越久，你将获得越多的利润。你将因为购买 IBM 的产品而致富。你购买的产品越多，将变得越富有，生产力也越高。"

这项销售技术使 IBM 成为世界冠军，它被《财富》等大型商业杂志评选为全球最佳公司。

与 IBM 相关的许多人都变得富有。大概是在 1962年，IBM 的销售额非常高，它宣布销售人员最高可以赚取 10 万美元的佣金。在那之后，销售人员上班的时候更加专心工作，因为干其他事情是赚不到那么多钱的。

一位名叫罗斯·佩罗的 IBM 销售人员说："那我呢？我可是例外！"他是非常出色的销售人员，截至那年的 1 月 24 日，他就获得了 10 万美元的佣金收入。于是他离职了，开了自己的公司。他成为美国最富有的人之一，他使用了同样的方法：内部收益率。

IBM 有一个非常好的营销策略。他们会对顾客说："让我了解你的业务是如何运作的，以及为了处理业务中的活动你需要支付多少钱，例如人员、税收、机器、设备等。然后我向你提出建议，向你演示我们可以免费提供的产品。我会在十天内回来。我会带上一份建议书。你可以把你的高管叫来，包括你的会计师。你们可以看一下，然后告诉我你们的想法。"他们根本不需要努力推销，真的好神奇。

每个人都渴望看到这个演示。他们会拿走产品试用一下，进行测试，看看销售人员所说的是否属实。然后他们会回来，唯一的问题是："我们什么时候能支付这几十万美元买下你的产品？多久才能把它安装好？我们什么时候可以正式使用它？"根本没有是否购买、是否犹豫、是否打折等其他问题，顾客只会问他们多快能拿到产品。

多年来，我一直采用这种策略，尤其是在 B2B（企业对企业）的业务中，因为顾客希望或期望赚到比产品成本更多的钱。你的产品应该在企业亏损时节省支出，或者在盈利时产生更多收入。如果做不到这一点，那么客户就不应该购买它，并且你也不应该出售它。

因此，你必须清楚地知道，如果客户购买并使用你的产品或服务，他们将会获得多少收益。你必须说服他们并证明这一点。

最近，我的一个朋友在《今日美国》上刊登了有关营销策略的整版广告。上面写道："雇用我吧，我将为你免费提供价值12万美元的营销策略咨询服务。"这是一个非常大胆的提议，但我知道他是怎么做到的。他提供的是所谓的风险逆转，大意是："购买任何新产品或服务总会存在风险，因此我在为你提供产品或服务时做了结构调整，当你按我说的做却没有得到我说的好处时，我将不收取任何费用。我将逆转风险，使一切风险由我承担。你完全没有风险。如果你不成功，则无须付费。如果你成功了，你将赚到或省下一大笔钱。"

他在全国发行的出版物上刊登整版广告，因为这是一个很好的提议，来自顾客的咨询电话响个不停。人们说："求求你，求求你，带带我。把你的产品卖给我。请来拜访我吧。把你的产品带给我吧。"他之所以成功，是因为广告讲得非常清晰。

　　我的朋友说："让我看看你的业务，看看它的运作方式以及成本。然后，我将告诉你在交易过程中是否可以为你提供这种风险逆转。如果我做不到，我不会把它卖给你，你也不必买。"

　　世界上那些最富有的人，有能力证明其产品或服务的价格低于客户将得到的回报。关键在于如何向客户表述清楚。

　　客户会问："第一，我为什么要购买该产品？第二，为什么我要向你购买？第三，为什么我现在应该买？"你的答案必须非常清楚。

　　每一项产品或服务的采购，尤其是在企业里，决策者都会有四个问题，即使他们不会大声问出来。

　　（1）多少钱？必须支付多少钱才能获得相关利益？

　　（2）能得到多少利益？给出数字。

　　（3）要等多久才能获得此利益？

　　（4）获得收益的速度有多快？

　　付出多少钱，得到多少钱？收益有多快，收益有多确定？在谈话过程中，你的工作是回答所有这些问题。否则，客户别无选择，只能说："我考虑一下。我回头打给你。寄点东西给我，不要给我打电话，我会打给你。"

但是，如果可以清楚地给出答案，你就能把东西卖给客户。

目标的力量

多年来，我一直在谈论目标的力量。下面我们谈谈如何使用目标提高生产力。

在生活中，我见过的每项研究（我非常热爱研究这个课题）都表明，只有 3% 的成年人制定了目标和计划。另外 97% 的人有愿望和希望，也许在纸上写了点东西，但他们没有书面的目标和计划。

如果你看看社会上赚钱最多的人会发现，他们都有目标。你再去看看社会上的穷人，他们大多没有目标。有或没有，黑或白，高或低，一目了然。

在我的公开研讨会上，我向超过 500 万人发表了演讲。在几乎所有这些研讨会中，我都说让我们回到最基本的东西，谈谈目标。每个星期都有人对我说："你改变了我的生活。你让我变得富有。你教会了我什么是目标。"

"我为你提供了什么帮助？"

他们说："目标。我出身于最好的家庭，上了最好的学校，但我一直挣不到钱。然后，在写下目标之后的一个月内，我的生活发生了变化。这太不可思议了。"

设定目标的七个步骤

我有一个非常有效的设定目标七步法，我在世界各地都传授过。

步骤1：明确你想要什么

我们已经讨论过清晰度了。第一步永远是明确自己在生活的各个方面都想要什么。你的目标是你在一天结束时想得到什么，你想完成什么。你想成为什么样的人，想拥有什么或想要做什么？

目标还必须具体化。目标必须非常清晰，说给五岁的孩子听，他也能懂，这个孩子告诉其他人，其他人也能明白你的目标。

步骤2：写下来

第二步是写下来。目标必须手写下来，不能用电脑打字。这是有原因的。我多年来一直在不断进行这项研究：在关掉电脑之后，往往会想不起自己记录的内容[⊖]。那些用手写方式记笔记的人（即使他们才智平平、背景普通）远远胜过用电脑打字的天才，因为这些天才在关闭笔记本电脑时就会忘记他们记录的内容。

所以必须把目标用手写下来。当你这样做时，就像将其写入你的超意识中一样。如果你愿意，你可以把它从意识中提取出来，显示在屏幕上。当你停止手写时，它会自动转移到你的超意识中。

你听说过吸引力定律吧，它的基本意思是你会把与你气场相合的人和事吸引到你的生活中。所以，你最重要的目标就是完全搞清楚自己大脑的想法。如果你老是有失败的想法、担心的想法，或者亏钱的想法，那么这些东西真的可能会被吸引到你的生活中。

大多数人使用这种不可思议的力量来对抗自己。他们考虑自己担心的事情——账单、麻烦以及可能对他们不利的人。真可怕！他们不断把消极的人吸引到自己的生活中。他们大多数时候与谁交往？总是抱怨生活中的问题的人。

他们在想什么？他们晚上睡不着，想着负面的事情，并且继续建立这种负面能量场。记住，每个人都像

⊖　本书策划编辑认为作者的这个观点有偏见。

一块隐形的磁铁。每个人的大脑中都有这种磁铁。就像磁铁吸引铁粒子一样，他们会吸引那些与大脑中的画面和思想相协调的人或环境进入自己的生活，尤其是情绪激动的时候。

当把一个目标写下来，再读一遍的时候，你所做的是把它情感化，就像给目标通电，给它更多的动力和力量。因此，你在以积极的方式写下目标时，就会建立一个能量场，该能量场开始振动，并开始吸引帮你实现目标的人、环境、想法和见解。

步骤 3：设定截止日期

第三步是设置截止日期。截止日期会进入你的潜意识，你的潜意识会为你的超意识提供工作材料，告诉你什么时候想要实现目标。你的超意识头脑必须知道截止日期。你不要说"我想在将来致富"，因为那可能意味着三四十年以后的事情了。

再次强调，关键在于清晰度。许多参加过我的研讨会的人对我说："我只是因为清晰度不够，而浪费了很多年。如果我不进行指导，不给予指令或指示，那么我脑中神奇的超意识计算机将如何工作呢？"

我举一个例子。假设你打电话给一家餐厅，说：

"你好，我叫博恩·崔西。我想去你们餐厅用餐。"

电话那头的人会问："你打算什么时候来？"

"我不确定。"

"会有多少人来？"

"我还没有决定呢。"

"你想预订晚上什么时间？"

"我也没有确定，但我仍然想预订一下，以便当我去的时候，你们可以为我提供服务。"

电话那头的人可能会觉得你需要去医院做个全身检查，因为如果连这些都不知道，你还订什么餐呀。

因此，设想一下，超意识具有不可思议的力量，它可以给你带来你在生活中想要的一切东西，但是你必须清楚自己想要的是什么。

再举一个简单的例子，这个例子我没有与太多人分享。许多年前，当我开始为自己的目标奋斗时，我还是单身，我想认识适合自己的理想伴侣。我知道设定目标这个方法很有效，因为我已经用过它了。我说，如果设定目标对于获得汽车、工作、金钱有作用，那么是否同样可以用于找到理想的女友呢？

所以，我写下了最适合我的人的特征。我写下了我想要的完美女友的 25 个标准，真是令人惊讶，在几周内，完美的人走进了我的生活。我遇到了她，我看着她，她看着我，我们出去喝咖啡，出去吃饭，我们开始了一段长达两年的恋爱关系。

但是，我在描述中忽略了一些特征：冷静、积极、开朗和正常的人格。她是个有些神经质的人。很多人在他们的生活中都有过一个神经质的伴侣，帮他们认清自己想要什么和不想要什么。几年后，我遇到了我现任妻子芭芭拉，当时她也是单身。我们俩都在当地大学读书。她不知道自己要实现什么人生目标，她说："我怎么才能找到理想的伴侣呢？""这很简单，"我说，"你只需要坐下来，写下你想要的完美人选的一切。"

"这能管用吗？"

"别担心，"我说，"有用。"

"但是，这不是一种冷漠、固执、不浪漫的表现吗？"

"不，不是的。和错误的人长期生活在一起，让自己的生活一团糟，那才是不浪漫。"

"有趣的想法。"她说。

之后我们各自回家了。回到家后，我觉得应该重新列一张清单。于是我拿了一张纸坐下来，开始写。对我来说，完美的人大概要有 40 种品质，其中包括正常、谦虚、友好、富有同情心、有风度、随和、放松、开放、灵活。

时间流逝，有一天我接到了芭芭拉的电话，芭芭拉说："我听从了你的建议，我想与你分享我的结果。"

"行，"我说，"我们在大学见面。"见到她后我问："你发现了什么？"

"我写下了你所说的一切，然后我确定了谁是我的完美人选。"

"那很棒。你找到了谁？"她说："你。"

我大吃一惊，但我考虑了一下，然后看了看清单，意识到我们对彼此都很满意。于是我们结婚了，我们已经结婚 40 年了。

这个办法在商业活动中有用吗？我的公司开发了一种很棒的新产品，我需要一个"超人"来为我工作，把产品卖到市场上，"超人"的报酬主要是销售提成。我列了一张清单，列出我对完美人选的 32 项要求。两天后，我的电话响了。这是一位非常称职的高管，目前在待业，他过去曾听说过我。他想来和我谈谈为我的公司工作的事。我通常不接受这种邀请，但我还是接受了。

当他进来后我说："我大约有 30 分钟，然后我就得走。"我和他一起度过了三个小时，然后雇用了他，我从来没有这么做过，我从来没有在第一次见面时就雇用任何人。他来为我工作，做得很出色。他才华横溢，很称职，很能干，富有创造力，是个出色的推销员、伟大的营销者……

大约一个月后，我把他叫来，对他说："我想给你看些东西。这是我教给其他人的一套系统方法，我也用在了你们身上。这是我在认识你之前对应聘者的要求描述。"我们坐下来浏览了清单，他符合我写下的每一个要求，除此之外他还有六七个技能。他会计算机编程，可以做在线营销计划。他可以与其他公司的数据系统互联，包括我们的潜在客户。他真令人难以置信。

这样有效吗？有效。清晰的描述——只需要写下来，带来的好处是强迫自己清晰地思考。

当我和妻子结婚时，我们为了创业用光了所有的钱。我们不得不搬到出租屋。我们坐了下来，说："我们不想永远住在这里，但我们想住在哪里呢？"我们列出了清单，写下了 42 件东西——我们现在还留着那张清单，上面列着我们想在完美的房子里添置的东西。我们还买了《美丽家园和花园》《建筑文摘》等关于漂亮房子的杂志。我们把这些东西写下来，然后开始工作。

两年半后，我们真的搬进了另一个州，另一个郡，另一个城市的房子。这是太了不起的事情了，因为我们真的赚够了钱，买下了房子。

所以，这个方法有效吗？当然，它确实有效。

到目前为止，我们总结一下，第一步：明确你自己到底想要什么，目标要足够清晰明了，要让五岁的孩子都能理解。第二步：写下来，以便五岁的孩子可以阅读并清楚地了解它。第三步：设定截止日期。你希望何时实现此目标？

步骤 4：列出清单

第四步是列出清单。

列出清单是人们发现的获得财富和幸福的最伟大技能之一。清单会迫使你在思想上高度重视，并深度激活你的超意识。

你要写下你能想到的为了实现目标可能必须做的事情——每一件你能想到的事情（顺便说一句，你通常会在一张纸上写下好多段）。你将这些事情写下来，然后回过头想一想，再接着写。你可能会写下两页，也有可能三页或四页。

就像一家公司想在全新的市场上推出一个新产品并开启新业务。他们会坐下来制订计划。他们会列出一份清单，列出开发新产品要做的所有事情。

你可以想象苹果在推出第一款 iPhone 时，它有几百页的列表。苹果在旧金山发布 iPhone 并将其推向市场之前，它有大约 4000 名工程师在全球范围内为 iPhone 制订计划。

步骤 5：整理清单

第五步是整理清单。按优先级排列列表。有一本很棒的商业书叫作《清单革命》，我读过两三遍。对我来说，它很吸引人。它讲述的是人们按顺序写下清晰、详细的清单——非常复杂的程序，然后完美地完成，没有一个错误。

有些人，虽有最强的技能、丰富的知识和充足的金钱，却常常忽略或遗漏了某个关键步骤。他们毁了自己和他们的事业，甚至造成许多人死亡。

《清单革命》中说列一张清单。成功都来自列清单，按照顺序列出为了实现目标需要做的所有事情。先做什么？接下来做什么？第三步做什么？等等。

步骤 6：采取行动

第六步是采取行动。有了清单，知道目标是什么，截止期限也有了，请你马上采取行动，现在就动起来。起床，站起来，拿起电话，接入互联网。不管干什么，都要立即行动。启动它，踢它，像足球比赛中的开球一样。不要把清单束之高阁，说："我有目标，而且目标已经写出来了。"

如果你这样做，你会对发生的事情感到惊讶，因为你的超意识现在每天 24 小时工作，它把你的目标带到你的生活中。在采取行动时，你会激发自己的精神力量，并激活超意识。

步骤 7：每天做点事情

第七步是每天做点事情，使你离目标更近一步。这里指的是每周七天，每天都算。如果愿意，你可以每天完成多个步骤。你可以在前面的某个步骤上花更多的时间，但是一周七天中的每一天都至少做一件事，直到达成目标。

如果这样做，在许多情况下，你会成为自己最大的敌人。你要不断克服自己的弱点，你会成为自己最大的批评者。你可能会设定一个荒谬的目标。我记得很多年前我为自己设定了"我想成为百万富翁"这个目标，我当时住在一间小公寓里，连家具都是租的。我几乎身无分文，靠销售佣金生活。我写下自己想成为百万富翁的目标。我问自己："要成为百万富翁，我将怎么做呢？"

从成功心理学的角度来看，下面就是我想回答的。

（1）每天早点起床。所有成功人士都很早起床。

（2）用现在时态书写目标并反复抄写。拿一张纸（我更喜欢带线条的笔记本）写下十个目标。你可以写更多，但是你的头脑一次只能处理大约 10～15 个目标，在那之后，它会变得不知所措。用现在时态写下这些目标，就好像你已经实现了一样。不要写"我将实现这个目标"，而是写"到了某一天，我成了白手起家的百万富翁"，等等。

（3）每天阅读一小时或更长时间。阅读有教育意义、精神意义、激励意义的东西。读一些对大脑有益的东西，读一些让你对自己和生活感觉更好的东西。

（4）列一个清单，并在上面设定优先级。

（5）开始做你的头号任务，也就是你能做的最重要的事情，然后连续工作直至完成。

（6）收听汽车中的音频节目。把旅行的每一分钟都变成学习的时间。刚开始这么干的时候，我开着一辆带有卡式录音机的车。后来我开一辆带有 CD 播放器的车。今天，你可以在 iPad 中复制你所有的音频节目，你可以在锻炼时随身携带它们。

（7）每经历一件事情之后，都问自己两个问题。我把这两个问题称为"魔法问题"，它们会让你变得富有：①在上一次打电话或其他活动中我做对了什么？②下一次我会有什么不同的做法？简而言之：我做对了什么？我会有什么不同的做法？这些都是神奇的问题，因为它们迫使你积极地去想你做过的最好的事情，以及你将来会做的最好的事情。

这七个步骤很棒。我研究它们，我每天都在做这些事。在前七个月里，我并没有发现有什么不同。然后，我的收入开始增加。在按照这些步骤做了一年后，我的收入增加了。我继续这样做，五年内我的收入增长了十倍。我每天都坚持做这些步骤。在十年中，我的收入总共增长了 100 倍。

我已向世界各地处于各种经济状况的人提供了此建议，他们说我对收入增长的推测过于保守。他们要么成为百万富翁，要么在六年、七年或八年里收入就增长了十倍。

在任何情况下，设定目标的最后一步都是每天做点事情。这就要重提自律。很多次，人们来找我，说："我破产了，我酗酒了，我离婚了，后来我开始按照你的目标设定系统进行操作。今天，我变得很富有。今天，我有三家公司，有38名员工。我一生中从未有过这么多钱。你改变了我的生活。你使我变得富有。"

到目前为止，我刚才阐释的方法有什么缺点？没有，零缺点。我不是要你们花一大笔钱去买一个不一定有效的系统。我请求你们将来花点时间学习点知识，我曾经用知识帮助过83个国家的成千上万的人，没有一个人说这没有用。

我从来没有收到过一封信、一封电子邮件或听到某个联系人说："我听从了你的建议，但没有用。"恰恰相反，所有人都说他们在听了我的建议后就像做了一场梦。"我取得的成就比我想象的要多得多，而且速度要快得多。"

有个人开着他的新奔驰送我去机场，而在一年前，当他来上我的课时，他刚刚开始干销售工作。还有其他人，他们拥有了漂亮的新房子，住在半山别墅中，他们到滑雪胜地去滑雪，去高档的餐厅，过着幸福的生活。

最能体会这一点的是工薪阶层，他们来自普通家庭，上普通学校，住在普通社区，而现在他们很富有。每个人都仰望他们，他们的家人钦佩他们取得的成就。

他们眨眨眼，然后点点头，说道："这很简单。保证管用。"

关于设定和实现目标，我给你的建议是：把它们写下来，每天努力。你会对后面发生的事情感到惊讶。

在传授这一理念的 40 年中，我从未听到过失败的故事。

我认识一个在大学上课的人。他上了一门化学课程，很热爱它。他设定了一个目标并将其写下来。他说："我会在化学科学方面出类拔萃，我将获得诺贝尔奖。"

当他为自己设定这个目标时，他才 22 岁。当他登上舞台并获得诺贝尔奖时，他才 42 岁。他与另外两名世界一流的科学家一道获得了该荣誉。

"我从不怀疑，"他告诉我，"我一直知道我会获得诺贝尔奖。我在电视上看过诺贝尔奖颁奖仪式。我读过关于诺贝尔奖获得者的报道。有一年度假我去了斯德哥尔摩，诺贝尔奖在这里颁发。我坚信自己的理想，而且我一直在努力。

"有一天，我的研究有了一项突破，我发现还有另外两名科学家与我研究同一个领域，他们分别在美国和欧洲。我与他们取得了联系，然后我们见了面。我们汇集了想法，并共同获得了诺贝尔奖。

"有了这个奖项，我现在是一所顶尖大学的终身教授。我的收入比我梦想过的任何收入都高，而且我周围都是世界上最优秀、最聪明的人。我正在与来自全国最好家庭的学生一起工作。我为自己的目标努力了 20 年，我从未怀疑。"

当你有明确的目标和计划时，就会发生这样的事情。你被迫变得井井有条。如果你没有目标，那就像在巨大的停车场中驾驶没有方向盘的汽车一样，漫无目的地开来开去。你的生活来回折腾，你随时停下来，且经常放弃，任何人都可以打扰你（尤其是互联网消息）。任何事情都会打扰你工作，因为你没有目标，没有方向，也没有目的地。

但是，一旦有了目标，你就会说："回到工作上去，回去工作。"你每天只做那些能让你完成最重要任务的事情。

信念和信任是整个过程的关键。想象一下，一个能力超强的人，从不出错，也从不失败，保证可以实现任何特定的目标，并且每天都在前进，就好像目标绝对可以实现。

我最喜欢的一个故事是关于某商业大佬的。他一个朋友的儿子刚从事销售，与他约好来见他。这位年轻人说："我已经完成大学学习，现在开始做销售。我父亲安排了这次会面。我想知道你能否帮助我发现产品的一些商机。"

他说："很高兴你咨询我，但是你为什么要来找我？"

"因为你认识很多人。你肯定有一些人脉资源。"

"是的，"他说，"我认识很多人。我给你个清单。"他走出去，到他的秘书那里。后来秘书回来了，拿着一份打印好的名单，上面有姓名、地址和电话号码。

"这里列出了十个人，他们都很有希望成为你的客户，"他说，"你可以去拜访他们。"

这位年轻人离开后去拜访了那些人，他非常热情。他真的很开心——他的事业是由伦敦金融城一位最重要的商人介绍的。十笔交易中他做成了五笔。下周他又来了。

年轻人说："我非常感谢你。你开启了我的职业生涯。我比其他任何人都领先。能不能再给我一份名单？"

"当然可以，请稍等。"

商人走出房间，过了一会儿他带着这个城市的电话黄页回来了。"拿去,"他说,"这是黄页,其中包括该领域的所有公司,有几百个。这是我获得前十个名字的地方,现在你可以自己选择十个名字。"

年轻人很震惊。他之所以很有信心,觉得自己能做成生意,是因为他以为拿到的是这个商人的私人朋友名单。

有一个关于棒球教练的著名故事。一个棒球教练的球队处于低谷,他们输了好几场比赛。教练来到球队,说:"我听说这个城市有一个魔法师,一个可以施法的人,也许他可以帮助我们摆脱这种困局。你们把自己最喜欢的球棒给我,我要把球棒拿给他,求他祝福这些球棒。"

"好吧。"队员耷拉着脑袋,都很沮丧。

教练拿了 15 个球棒出去了,很晚才回来,并把球棒还给大家。他说:"这个魔法师在这些球棒上施加了魔法。他说明天一整天都有本垒打。"

第二天,这些球员打出了一个又一个本垒打。他们不敢相信这支球队打出了这么多本垒打。全队欣喜若狂。他们非常高兴地说:"太好了。只要我们拿着这些球棒,我们就能拿下联盟冠军。"

其中一个队员说:"我昨天不在这里,我的球棒没得到祝福。为什么我今天也把球打好了?"

"我必须告诉你们真相,"教练说,"没有魔法师。我只是把球棒放在车里,放了半天,然后又把它们拿回来。魔法印在你们的脑海中。神奇的是,一旦你们有了信心,第二天就能打出本垒打。"

记住,这一切都在你的两耳之间。关键在于你要有自信。最好的自我肯定听起来很简单,就是:"我能行。我能行。我喜欢自己,我能做到。"

当我从事销售时,我创建了自己的自我肯定语句,并与上百万个销售人员分享了它,那就是:"我喜欢自己,我喜欢我的工作。"无论你处于哪个领域,早晨起床时,都对自己说:"我爱我的工作。我爱自己,我爱我的工作。我爱我的工作。我爱我的工作。"

如果你感觉说不出口,这可能暗示了你一些信息。这可能意味着你选错了工作。现在,请理解这一点:这并不意味着这份工作有错。这并不意味着公司不好。这甚至不意味着你的老板或产品或其他任何东西是不好的或者错误的。这只是意味着它不适合你。

人们说,约会时,在遇到英俊的王子之前,你必须亲吻很多饥渴的青蛙。约会时,你会遇到许多异性。你会和其中一些人相处一段时间,而不和另一些人相处。

一段感情没有结果，并不是因为对方有什么问题，只是因为你们彼此不适合，就这么简单。

令人惊讶的是，有很多人因为一段毫无结果的感情而变得不快乐。这其实和个人没有关系。有些感情有结果，有些没有。如果你有一份工作，而又不喜欢这份工作或这家公司，这并不意味着它是一家糟糕的公司。你永远不要说公司或他人的坏话，因为工作不合适这种事情太普遍了。最有力的一句台词（通常也是这样）是：我们之间没感觉。

最佳时间管理体系

几年前，人们有了可以随身携带的时间管理体系。如今，出现了新一代的数字应用程序和工具，可以使人们更有生产力，并遵守其承诺。

以下是我使用这些体系的经历。多年前，我被要求制作一个有关时间管理的音频节目。我开始阅读有关该主题的书和文章。我发现美国有四家大公司分别举办了为期一天的时间管理研讨会，内容都与时间管理计划相关。它们教你如何安排时间、设定目标、完成更多工作、计划每一天等。

我去了可以学习这些体系的四个城市，分别是多伦多、纽约、丹佛和洛杉矶。我四处奔走，在每个研讨会上度过一整天，记笔记，写下所有内容。我在全国各地购买时间管理的资料，我还买了一套丹麦的时间管理体系，当时它在欧洲是最受欢迎的，我的一位丹麦的朋友帮我做了翻译。

我把这些时间管理的方法放在一起，把它们都搞懂了，并建立了自己的时间管理体系。当电子化的时间计划程序问世时，我见了就买并全心全意使用。我发现我无法训练自己去适应它们中的任何一个。

那时，商业杂志《公司》进行了一项研究。它采访了 50 位企业家，都是快速成长型公司的总裁，询问他们最喜欢的时间管理体系是什么。他们每个人都选了一张白纸。他们说，他们最喜欢的时间管理体系就是一张纸，他们在上面写下一天中必须做的所有事情。他们按轻重缓急一一列出需要做的事情。"如果我今天只能做一件事，然后就要出城一个月，我希望确保哪一件事今天完成？然后，我将从这件事开始着手。这就是我成为一家成功公司总裁的主要原因。"最好的时间管理体系似乎仍然是纸和笔。

你花在规划上的每一分钟将节省十分钟的执行时间。开始的时候，你需要花 10 ～ 12 分钟列出一个清单并进行整理。最好在前一天晚上列出清单，这样一来，当你入睡时，这个清单会进入你的潜意识，使你一整夜都在想该清单上工作。有时，当你早上醒来时，你会有一些突破性的想法，这些想法会改变你的生活并使你变得富有。

你在前一天晚上列出了整理后的清单，并设置了优先级，第二天早上从你已经确定的第一项任务开始。列出清单大约需要 12 分钟，这可以为你节省大约两个小时。如果你将这两个小时用于最有价值的任务，你将变得越来越有生产力，收入也将越来越高。你将获得越来越多的机会。你的思维将变得越来越敏锐，你不仅能实现自己的目标，而且还将变得富有。

采取行动

我用采取行动这一步来结束本章。几年前，我发起了一项创业辅导计划：我带领三四十名企业家到圣迭哥，和他们一起工作整整一天，一年四次。我保证，如果你按照每日规定的内容进行练习，并且应用了与我在一起时采用的计划方法，那么你的收入就会增加一倍，休假时间也会增加一倍。如果没有实现，你也根本没风险——该计划将不收取任何费用，我会百分之百退还你的学费。

这个项目我做了七年。每年我都会邀请四到五组企业家参加这个项目。七年后，我忙于其他事情，不得不将该项目终止，但是我从来没有收到一个退款请求。

参加创业辅导计划的人的收入在短短七天内就增加了一两倍。有些人下周的收入就翻了一番，甚至还不到7 天。每个人的收入都至少翻了一番。他们中有些人的收入增加了两倍甚至三倍，与家人在一起的时间也比以往任何时候都要多。

在第一次课开始的时候，我发给每个学生一个笔记本，就像在学校用的笔记本一样。我说："今天我想给你们介绍新朋友。我把这个笔记本给你们是因为我不想退钱。我可以保证，如果你使用这个笔记本，你将不会要求退款，因为你的收入将增加一倍以上，休假时间也将增加一倍。"

在上午的课程中，我会教他们在笔记本中写下他们在未来 12 个月内要完成的十个目标。

这就是我现在要你做的：拿出一个笔记本，用现在时态写下你要实现的十个目标。"我在今年 12 月 31 日之前赚到这笔钱。在今年的这个特定日子，我的体重达到这个数，我进行这次旅行，发布这个产品，开始这个生意"——无论你的目标是什么。你可以有商业目标、财务目标、健康目标，当然还有家庭目标。

写下十个目标，并以现在时态写，就好像你已经实现了它们一样。如果你的目标不是用现在时态写的，你的潜意识就不会关注它，所以用现在时态写吧，就好像它已经存在一样，然后你对别人说"我每年赚 100 万美元。我今年的收入是去年的两倍，是五年前的十倍"或者随便什么。

将实现目标的期限控制在 12 个月内，这些目标将比其他任何目标都更具激励性、更强大。

然后，每天早晨当你开始工作时，问自己："如果我今天只能完成一项任务，将是哪一项？如果我将出城一个月，走之前需要完成一项任务，我会选哪一项？"

　　然后查看你当天的活动计划清单，并在你选择的任务旁边画一个圆圈。最后是开始执行该任务，并一心一意地工作，就好像房子着火了，而你必须在火焰扑向你之前完成任务。

　　把当前你要完成的任务写下来。在一项最重要的任务完成之前，要不停地工作，不要做其他任何事情。不要跟你的朋友说话。如果有人说："嘿，有空聊天吗？"你要说："有，但必须在下班后。现在我必须完成这项工作。我必须把这项工作做好。我今天必须把它做好。我已经拖后腿了。"

　　没有人会再打扰你。一旦你告诉他们你必须完成工作，他们就会走开。如果他们再次来，请告诉他们："我还没有完成，我必须完成这项工作。"就像我之前说的，很快他们将不再打扰你。

　　做这三件事：①每天早晨，用现在时态在笔记本上写下你的十个目标，②计划你的每一天并选择第一项任务，然后③立即开始工作。

　　我记得我刚开始教授这个过程的时候，有位先生来参加我的课程，他说他正在参加另一个训练课程，他每年为此支付 25 000 美元，已经参加了三年。他说，使用这个清单以后，他在一个月内就完成了十个目标，比他之前三年完成的目标还要多，那个训练课程花费了他 75 000 美元。他简直不敢相信。他的生活、他的生意，一切，几乎在一夜之间发生了变化。

　　所以，这个方法有效吗？有效。从来没有人说它没有用，所以唯一的问题是：你要这样做吗？你会做这些事吗？你是否能够保持自律，让自己开始工作、继续工作、完成工作？

第 4 章

高生产力的人有条理

　　条理清晰、组织有序，是一种良好的工作习惯。习惯都是后天养成的，也是可以学会的。有的人认为自己天生就是一个没条理的人，这只不过是一种借口罢了，事实并非如此。

　　有的人做起事来没有条理，这意味着他总是要为那些工作井然有序的人打工。如果你工作毫无计划，没法一步一步朝目标迈进，那么你就得按照别人为你设定的计划而工作，让他们来帮你做计划，训练你保持航向，朝目标迈进。

　　聪明的人几乎不会工作没条理，尽管确实有一些个案。许多人在讲述像理查德·布兰森这一类人的故事，理查德·布兰森有 200 家公司，但他患有阅读障碍症。人们会说他工作就没有条理，他没法有效地组织工作。或许他无法阅读，没法写作，但请看一看理查德·布兰森是如何工作的。他知道自己的弱点——没法将工作安排得井井有条，但他很清楚怎样才能做成一笔生意，他了解人、市场和竞争对手。他不断探索新的商机，直到对其有充分认识。然后他开始四处打听，了解谁是这个领域中最优秀的人。他发现，最合适的人选可能是另一家公司（可能正是他想创办的那种公司，例如维珍航空或维珍唱片）的高管。他去找他们，说："我正考虑在这个领域开一家公司。你是否有兴趣帮助我做这件事？"

那个人会说："这对我有什么好处？"

"如果你帮助我建立了这家公司，我将与你分享成果。我提供启动资金，你提供经验和聪明才智，并让公司运作起来。你觉得怎么样？"

那个人说："太好了。"

后面的工作安排得非常细致，但不是理查德本人做的。他知道那不是他的强项，所以雇用别人来安排一切。他的技能是寻找组织者而不是自己去组织。

如果你不是理查德，你就得自己把工作组织起来，安排得井井有条。奇妙的是，组织工作是一种可学会的技能。如果你很想做到这一点，那么你可以去学习，让自己变得出色。

下面的例子是我的论据。假如你参军了，他们教你做的第一件事就是行军、穿衣、训练和起床。有一本著名的书叫《整理你的床铺》。每到毕业季，它都会进入各大学的畅销书排行榜。

一位成功的将军在毕业典礼上发表了题为"整理你的床铺"的演讲。他说，在军队中，特别是在军官训练营，起床时，你要站起来，马上转向床，把床单拉紧铺平，以至于你把硬币扔在床上，它会弹起来。床单拉得多紧啊。

然后转身，准备穿衣服。淋浴，刮胡子，精心着装，系上领带，擦亮鞋子，以一流的形象开启新的一天。你每天都要这样做。在军官训练的前六个月，他们会让你反复做这些动作。起床，整理床铺，把一枚硬币扔在床上，让它弹起来。

正如将军在他的讲话中所阐释的，如果你每天早晨都先完成一项任务，那么在当天剩下的时间里你将进入任务模式。你将一直保持精力集中的状态，并感到精力充沛。如果你养成了习惯，早上起床第一件事就是完成一项任务，那么在这一整天你都会不断地去完成各种任务。

请记住，完成任务是人生成功的关键。哪怕完成一项小任务，你体内也会产生内啡肽，这被称为天然的开心药水。它给你带来愉悦感，你会感到很快乐，甚至兴高采烈。你的自尊心和自信会增强，你感觉自己像大赢家。

就像我之前所说的，当我醒来时，我立即起床，然后开始锻炼。体育锻炼会让你兴奋起来，会使你的心跳加快，会使你的大脑充满富含氧气的血液，让你在这一天里变得更加聪明。当你的大脑供血充足时，它又会释放内啡肽。于是，你开始想要做更多的事情。

从最重要的任务开始，启动该任务，然后持续推进，直到完成。在晚上，写下明天要做的事情。有人说，积极的事前计划可以防止糟糕的临场表现。把完成任务所需的所有东西都放在一起，你在开始工作之前把它们都准备好。汇集必要的材料能带来真正的动力。然后开始工作，并约束自己持续工作，直到完成为止。每一天的每一项任务都要这样做。

如前所述，你必须列出完成一项任务需要采取的各个步骤。我之前介绍过《清单革命》。你需要某项任务的检查清单——它列明了你将如何完成该任务。这很像一个食谱。如果你要做一道菜，请遵循食谱，完全按照大厨写的方法进行烹饪，这样一来，这道菜的水准将达到专业厨师的 80%。

我最喜欢的沙拉是凯撒沙拉。我以前常去的餐厅有很棒的凯撒沙拉。他们拿来全部食材和一个大碗，站在餐桌旁边的服务员会把沙拉拌匀，然后提供给顾客。味道一直很棒。

有一天，我对自己说："这个家伙也不是天才，他只是个服务生，但是每次我们来这里，他都能做出一道美味的凯撒沙拉。我要学会怎么做。"这让我进入了一个漫长的烹饪实践历程，在这个历程中，我买了烹饪书，并从母亲那里借来了食谱。我买了一个沙拉碗和所有食材，然后反复练习。现在，我认为我做的凯撒沙拉是世界上最好的。我的凯撒沙拉，博恩·崔西凯撒沙拉的做法呈现在我的网站 briantracy.com 上，并且它是免费的。用这个方法制作的凯撒沙拉会让家里的每个人都大吃一惊，他们会说这是他们吃过的最好的凯撒沙拉。但在之前，我根本不会做沙拉。曾经，除了知道有长叶莴苣和烤面包片，我几乎记不清凯撒沙拉需要哪些原料，而现在我居然可以做了！

任何你想培养的技能，通过练习，并清楚地了解它，你都会变得非常擅长。

许多年前，一家大出版社邀请我写一本书，但我不会熟练地打字。我只会看着键盘，一个字母一个字母地敲。用这种打字方法，我每分钟只能输入 5 ~ 8 个字，按照这个速度，完成 6 万字（大约是一本非小说类书籍的正常字数）将花费我数周或数月的时间，因此我说："我必须学会快速打字。"

因此，我购买了一套电脑程序，里面包含一系列的课程，每节课的时间为 10 ~ 15 分钟。程序的名字叫《马维斯教你打字》。多年来，我一直向人们介绍它。他们都说"哦，我们也喜欢马维斯"，因为它使他们从一指禅式的打字变为能够流畅地打字。练习不到 90 天，你就可以每分钟输入 60 ~ 80 个字。你可以只靠手触摸键盘打字，再也不用盯着键盘了。

截至今年，我已经写了 87 本书，并且在计划中的还有三四本。我的出版商，包括世界上最大的出版商，已经做好出版的准备了，它们对我之前写的书非常满意。但在以前，我连一页字也写不出来！

你可以学会任何你想学的东西。有些人天生就具备某些技能，而有些人则需要花一些时间去掌握，但不管怎样，任何人都是可以做到的。

很多年前，我从前面提到的大老板那里获得一份工作。由于机缘巧合，我们在工作中相遇。我之前做过一些房地产开发工作，他给了我一份新工作，让我在他价值 8.5 亿美元的公司做私人助理。当时我还是单身，三十出头，初出茅庐。我很高兴地接受了这份工作。

他让我努力工作，他想让我做很多事情。他话不多，但是交给了我很多事情。每件事我都能又快又好地完成，这彻底改变了我的生活。我再也不是以前的我了，因为我能把事情完成得又快又好，还因为做事有条理而树立了良好的口碑。他在关注我，其他高管也在关注我。他关注我，是因为他希望我成功。其他高管关注我，是因为他们不希望我成功。

在开始阶段，让工作井然有序很困难，但之后就会自然而然，变得非常简单。就像开车、骑自行车或用键盘打字一样，一旦拥有这项技能，你将终身受益。

吃掉那只青蛙

几年前，一家大型出版社的老板问我是否愿意为他们写本书。我把我写的一本书寄给他，书名叫《收入翻倍，假期翻倍》。第二周，他给我回电话，说："观点很不错，因为每个人都希望获得你所说的好处。但是，它还不太吸引人。不过，你在书中谈到了马克·吐温。"

马克·吐温写过一本著名的《卡拉维拉斯县驰名的跳蛙》。他用青蛙做隐喻。他说，如果你早上起床后做的第一件事就是吃一只活青蛙，那么你将高兴地知道，这可能是这一天里发生的最坏的事情。我小时候读过这个故事。

出版商说："这条规则有两个推论。一个是，如果要吃两只青蛙，首先要吃最丑的那只。另一个是，如果你必须吃一只青蛙，那么坐下来长时间看着它是没有用的。"换句话说，你得硬着头皮做。

这是我的书第 15 章中的内容。"我真的很喜欢这一章，"出版商说，"如果你能把本章的要义提炼出来，作为全书的主题，然后把时间管理的相关章节串起来，把青蛙作为你最有价值和最重要的任务，那么我想我们会得到一个有趣的策略。目前，有两三本书的主题涉及动物，比如《谁动了我的奶酪?》和《鱼》。也许这个办法会管用。"

因此，我按照他说的进行整理，又重新把书稿发给他。他说："好极了，方案可行。"然后这本书出版了，名为《吃掉那只青蛙：博恩·崔西的高效时间管理法则》[⊖]。它包含了迄今为止发现的 21 个最佳时间管理方法。

这本书出版后大受欢迎，成为《纽约时报》的畅销书，被译成了多国语言。它一直在卖，现在已经卖了几百万本。在全球许多国家，在好多年里，它都是最畅销的书。

我不是向你推销《吃掉那只青蛙》，我只是想阐释如何变得有条理，介绍条理化的过程。不计其数的人反映他们的公司购买了《吃掉那只青蛙》，并且编写课件向员工教授书中介绍的原则。他们因此改变了自己的公司。人们通过选择出他们最重要的任务，然后开始着手并完成它这个简单的原则变得富有。好简单！如果人们经常这样做，这很快就会成为一种习惯，就像每天早晨整理床铺。他们开始并完成他们最重要的任务，直到养成习惯，然后他们就会迫不及待地要去工作。

还有一些东西可以帮助你变得更有条理。我总是按清单上的任务列表来工作。有些任务需要花费很长时间，可能需要花费两三个小时，而有些花费的时间短一

⊖　本书中文版已由机械工业出版社出版。

些。如果我的妻子在晚上 7 点差 10 分来到我的办公室，告诉我吃晚饭的时间快到了，那么我还有 10 分钟来完成一项任务。我将浏览清单，找到一个需要花费 10 分钟的任务。我会低下头，全力以赴，并在 9 ～ 10 分钟内完成任务。然后我关掉灯，走出办公室，整个晚上都感觉很好。

亨利·福特曾一度破产，只能在汽车修理厂打工，但是他后来变得非常富有。他说，如果将任务分解得足够小，任何任务都可以完成。将任务分解成小块，然后一次只做一小块。这给了你信心，提高了你的自尊心，给你能量，使你快乐，并激发你的动力，就像有一双手在背后将你推向下一步。

计划一切

让自己变得有条理的核心思想是事前计划。"计划一切"的含义是什么，你要想清楚。这可行吗？生活中的每件事都可以提前计划吗？还是这条规则只适用于重要的目标？

如果是去星巴克喝杯咖啡，那么要计划的事情就不会太多，只有一点点——你必须找到一个停车位，你得进去排队，你得决定是在咖啡馆喝还是带回去喝。也许你需要给别人带杯咖啡。（顺便说一下，每个人都会因为从星巴克买了一杯咖啡回到办公室而惹上麻烦。其他人会说："你为什么不给我带一杯？你知道我喜欢喝咖啡。"）

即使是一些小事情，也需要计划。问一问自己，确保你已经考虑了方方面面。

当然，对于那些将对你的生活产生重大影响的任务来说，计划是最重要的。令人高兴的是，当你花费更多的时间思考计划，在开始阶段你就会有更多的信心。你休息得越好，就越专注，就是这个道理。

要经常花时间做计划。当伟大的将军们谋划战役时，他们会召集其他将领和高级官员聚在一起，一遍又一遍地讨论计划，要求每个人都贡献智慧。因此，当计划启动时，大家会感觉很棒。

有一次，我与负责海湾战争的将军诺曼·施瓦茨科普夫共事。他指挥来自 22 个国家的 30 万人。我研究了他的工作。我知道他做了什么，也知道他的成功之处。

施瓦茨科普夫说，他们花了 6 个月的时间策划"沙漠风暴"行动，该行动摧毁了伊拉克军队。他们花了 6 个月的时间来计划、分析错综复杂的情况。然后，他们发起了攻击，花了 104 个小时消灭了世界上第三大军队。伊拉克军队被彻底摧毁，战争结束了。这是有史以来他们在最短的时间里取得的最大胜利，且伤亡人数最少。他说，这完全得益于计划。

问卷调查

你应该为一项活动做多少准备工作？作为一名职业演讲者，这些年来，我在 83 个国家和地区举办了 5000 多次演讲。在邀请我演讲之前，邀请方会和我开一次电话会议，其实就是面试我。他们会说："我们将付给你一大笔钱，邀请你去给很多人做演讲。我们需要做出科学的决策，所以让我们来讨论一些问题。"

许多年前，我制作了一份调查问卷，要求他们填写好，在交谈时放在我面前。他们会提出一系列问题，以明确演讲的主题以及他们想要收获的内容。

然后，我会进入他们的网站，获取他们的宣传册和财务报表。我收集这些资料，进行详细的研究，所以当我拿起电话时，我对这家公司已经非常了解，包括业务开展了多长时间，主要产品和服务是什么以及经营状况如何。

有一次，我获得一个为拥有 4 万名员工和 500 亿美元预算的公司做几天演讲的潜在机会。我找到了该公司上年度的全部背景信息，为了得到这份工作，我花了 16 个小时做准备。

我在拿到所有资料后说："哦，天哪！"我从星期六早上大约 8 点开始，不停地写、修订和做笔记，最终形成了一堆文稿。

因此，当我站在董事会前申请这份工作时，他们说："天哪！你真的太了解我们的公司了，你了解我们的业务运作方式、关键人员、产品以及我们正面对的市场。"该公司的总裁说："可以了，你被录用了。"然后我坐了下来。

做多少准备，取决于你已经掌握了多少基本信息。当我第一次与某些行业的公司合作时，我必须做很多研究，以便我真正了解公司所在的行业。现在，我只需要准备 10 ～ 15 分钟，这是基于我以前的研究，因为我已经非常了解这些行业。他们之所以雇用我，是因为他们知道我的确了解他们的行业。

要思考这个问题：如果你可能会错失某个机会，为了避免不利的结果，你会投入多少时间和精力来把握它。如果这个机会真的很重要，那就多花点时间，要尽早投入。

整洁很重要

整洁也是关键。若你的工作环境很整洁，东西都已收拾好，办公桌上只摆放工作所需的东西，这时你会工作得更好，犯更少的错误，花更少的时间。

因此，你要做的第一件事就是做好工作前的准备，清理工作空间，拿走所有不必要的东西。即使将办公桌上的全部物品都搬到身后的地板上，也要将办公桌腾空，以使你的大脑不再混乱，眼前变得整洁。面对一张干净的办公桌，你才能专心只干一件事。

让我感到吃惊的是，很多人想写一本书却从来没有认真动笔，仅仅是因为他们没有条理。他们从来没有规划过。他们的工作环境杂乱无章。杂乱的工作环境会让人心烦意乱。它会分散你的注意力并使你感到疲惫不堪。你拿起东西又放下。突然你没时间了，什么都没做。

这就像整理你的床铺一样。第一条纪律是清理工作环境，使一切都安排就绪，你面前是工作所需的东西。然后开始工作。

有一个很棒的技巧，你可以使用，就是退后一步并观察工作环境。看看你的办公桌，看看你的工作地点，看看你的公文包，对自己说："谁会在这样的办公桌前工作？"假设你真的很忙，同时在做许多不同的事情，而你的办公桌看起来就像刚刚被手榴弹炸了似的。谁会在这样的办公桌前工作？

我在读一位成功企业家的回忆录，他为自己和他人创造了数百万美元的财富。在工作中，他有无尘工作台的理念。他说："每天下班后，你都需要彻底清理办公桌，桌上甚至不留一支笔。你每天早晨要从一尘不染的办公桌开始。"他说，这是最重要的工作纪律之一，因为这迫使人们边工作边收拾。没有人希望下午 6 点仍然在收拾办公桌上的杂物，于是他们一边工作，一边将东西收拾好。

开始并完成一项任务，然后将其归档。当你开启这样的工作节奏时，很快一切将变得很容易，变得自然而然。

想象一下，贵公司的一位负责人来了，而你的办公桌看起来好像刚刚发生了爆炸一样！几年前，有位先生为我工作，我辞退了他，理由很充分——他的办公桌看上去就好像他把一个装满垃圾的废纸篓倒在上面了。

如果工作没规划、没条理，你会花费一半的时间找东西，但是仍找不到它们。然后，你消耗了 3/4 的时间，忘记了自己最初要找什么。

继续前进，继续清理办公桌，继续收拾东西，不要找任何借口。

不要找借口

我们都被"找借口"的腺体所困扰——患上"借口炎"。我们不去承担责任，而是说："我本来可以做到，但是被耽搁了。我在和某人说话。我明天再做。"

令人惊讶的是，许多人用借口将自己拖延到平庸与失败中，变得贫穷。我的书《没有借口：优秀的人都自律》是世界上最畅销的书之一。你知道谁最喜欢它吗？我的研讨会和研习班中最有纪律和最成功的人。他们是最不需要借口的人，因为他们很有条理，但是他们喜欢纪律——来自组织和个人的约束。

我相信你愿意为自己的工作、工作场所以及任务的完成承担责任，这才是真正的优秀人士的标志。优秀人士愿意承担责任。普通人更倾向于找借口，他们将所有时间都花在思考如何解释上，而不是花费相同的时间来完成工作。

每个人都有伟大的愿景，但我们知道通往失败的路也是由这些愿景铺就的。人们说："我要做这个，要做那个。我要早点开始，我将更加努力，我要攒钱。"然后他们说："在我做这些事情之前，我需要去一个叫作'某日岛'的好地方度个假。某一天，我将开始储蓄，某一天，我会减少开支。某一天我会做这个，某一天我会做那个。"

他们周围都有谁？物以类聚，所以他们发现自己在"某日岛"上被同样的人包围着。他们坐在一起谈论他们最喜欢的借口。"你的借口是什么？你今年在岛上的原因是什么？"

"我真的很累，我没法修完最后一门课程，竞争真的很激烈。"他们总是有一个待在岛上的理由。但是，人生成功的关键是要明确自己想要什么，并写下来，然后离开这个"某日岛"。

做准备：专业人士的标志

事前准备是专业人士的标志。准备工作非常关键。我讲授一个为期 3 天的专业演讲课程。如果你来与我一起，加上另外 11 个人，在摄像机前待上 3 天，我将向你展示怎样才能在讲话的时候得到别人的起立鼓掌，哪怕你以前从没有演讲过。

课程结束几天或几周后，给我回信的人数之多，让我感到惊讶，他们说自己有机会去演讲了。这些事总在发生。我几年前学到一个哲学原理：当你学到了新知识，你总有机会应用它。它不会像香烟的烟雾一样消失。

假设你参加了急救课程，并且学习了海姆立克急救法。你在一家餐厅用餐，隔壁座位的一个人突然窒息。你马上跳起来。你意识到他是因为吃了什么东西，卡在了喉咙里。你对他实施海姆立克急救法，你挽救了他的生命。你总是有机会使用新知识。

几年前，当我和妻子在一家餐馆吃晚饭时，大约隔了两张桌子的地方，有一个男人突然抓住胸襟，然后跌倒在地上。大家都说："哦，天哪，他噎住了。"和他一起吃饭的人都被吓坏了。大家都被吓瘫了，就像被车灯照到的鹿一样。"对不起，芭芭拉。"我说。我起身过去，把倒在地上的男人翻过身来，然后拍他，让牛排从他的喉咙中吐出来，让他恢复呼吸。在这段时间里，人们拉开了桌子和椅子，每个人都在看着这个人，看着我如何在餐厅中央抢救他。然后他又开始呼吸了，并站了起来。

同时，人们叫来了一辆救护车。救护车司机冲进来，把他带了出去。之后一切恢复正常。人们把桌子和椅子都搬了回去，继续吃饭。我回到餐桌上，继续与芭芭拉聊天。

当我们走出餐厅时，救护车仍在那儿，医务人员仍在护理那个人。他们说："不管是谁对他这样操作，都挽救了他的生命。"

大约两三个星期后，我们又来到这家餐厅。当我们坐下来时，餐厅的人给我们送来了一瓶香槟。他们说："这是我们送给你的礼物。"

"这是为了什么？"

"三周前，这里有个家伙噎住了，是你救了他的命。"我什么都不记得了，我已经忘记了。

"我做的？"我问。

"是的，救护车司机告诉我们，如果你不这样做的话，他可能会在一分钟内死亡。"在他们给我送来香槟之前，我已经完全忘记了这件事。我的观点是，你永远不会学了新知识却没有机会使用。

在我的关于如何成为一名优秀演讲者的课程中，我讲授了准备工作的重要性。我的一个学生在一家工程公司工作。他很焦虑，因为其他工程师升职更快，薪水也更高，而他却在忙着干活。老板向他解释说："你必须明白，这些人向我们的客户做产品介绍，带来业务，他们被称为'唤雨者'。"在一家专业服务公司中，唤雨者是收入最高、最受尊敬的人。他们是能够获得更多的晋升机会和更多报酬的人。

在上了我这门课大约两三天后，老板跟他说："我们面临一个小挑战，需要做一个重要的演讲，但我不能做，能演讲的工程师也不在城里，赶不回来。你能做这个演讲吗？"

起初这位学员真的很紧张，他说："我不知道。"然后他想起了自己在我的课程中学到的知识，说："好的，我能做。我有90%的把握。给我所有材料，我马上准备。"第二天早上，他就公司的服务做了一个演讲。

当他回到办公室时，另一家公司的总裁已经给他的老板打了电话。"那个演讲真是太棒了，我们想聘请你们公司参加个大项目。"他为公司带来了数十万美元的收入。从那时起，公司每次有了客户都将他派出去。

他在职业生涯中突飞猛进了好几年。又过了几年，他成了合伙人。他的收入增加了 400%。他搬到了更大的房子里，有了一辆全新的汽车，过着很好的生活。他有自己的办公室和秘书。这一切都是因为他学会了做准备的技巧，因此当他站起来演讲时，他非常自信。在接下来的演讲中，他一开口就吸引了所有听众。

在任何专业领域，这都是可能的。永远不要说："我有点紧张。"你可以通过简单的准备来消除紧张，直到你完全没有紧张感。

最有价值的球员

环顾四周并问问自己："谁是公司里薪水最高、最有价值的人？每个人都尊敬的人是谁？谁挣得最多，开着新车，还有自己的私人停车位？谁得到的报酬比我们其他人加起来还多？他们提供了哪些我们无法提供的东西？他们有什么特殊技能？他们为公司做了什么？"

公司很自私。为了享受你提供的服务，他们会付给你越来越多的钱，这样你就不会跳槽了。加薪真的很容易，只要你做好自己的工作即可。他们会冲向你，把钱塞给你，然后说："拜托，拜托，多拿点钱。待在这里，我们给你提供更好的工作条件，因为你对公司的贡献超过你的成本。"

这就是关键。他们每花费 1 美元的工资，这个人必须贡献 3～6 美元的收入或利润。因此，请不断增加你的贡献量。厄尔·南丁格尔提出了一个奇妙的问题，这个问题构成了我们的生活："我该怎么做，才能增加自己对公司的贡献量？"

如果你想成功，那就要承担责任——别找借口，别说"改天"。然后思考："如何增加贡献？我该如何贡献更多？我还能提供哪些其他技能？"

去找老板，询问他："今天，我如何才能增加对公司的贡献？我怎样才能做得更多，投入更多，并不断寻找做得更多的方法？"你所处的世界中，有 80% 的人正在寻找减少工作量的方法。你将打败那些人。

创建文件系统

人们说办公桌混乱是头脑混乱的标志。如今，一些人将 40% 或 50% 的时间用于寻找东西。各种物品堆积如山，或者散落在抽屉里，于是工作时他们不得不花很多时间寻找东西。他们发现自己常常遗漏一条信息，也许这是个关键部分，所以他们必须停下整个工作去找到它。

正如我在前面提到的，伟大的军事领导人会计划、组织和整合每一项资源。他们会反复检查，以确保在发动攻击之前一切就绪。他们为可能发生的一切做好了准备。

养成将完成工作所需的一切汇总在一起的良好习惯。清理你的工作区，使其整洁。用一张有顺序的清单来组织你需要做的事情，然后从第一项任务开始——埋头干活，不停地工作，直到完成该任务。第一次这么做的时候，你可能会分心。你会发现很难集中注意力，但是随着不断努力去做，这会变得越来越容易，并且你也会变得越来越快乐，甚至会变得兴高采烈。你会有用不完的精力。

每当我从家中的工作室走出来，完成一项任务所产生的内啡肽都让我感到很愉快，即使是很小的任务，比如把食品残渣清理干净，把碗碟收拾好，修剪草坪等。善始善终，完成任务会使你感到十分兴奋，并使你体会到积极的正能量。它使你渴望做更多的工作。你也开始赢得周围人的尊敬。

我所学到的最伟大的生产力原则之一来自一个人，他后来成为两家《财富》500强公司的总裁。他说，如果一项任务可以在不到十分钟的时间内完成，请立即执行，并将其消灭。

如果任务将花费更长的时间，请为其设置优先级，把它安排好。如果要花费两三个小时，则要单独腾出时间，然后全神贯注地完成它。

请记住，人生的成功将取决于你贡献的价值、你的生产力、你完成的工作以及你完成工作的价值和质量。如果你一直在做有价值的事情，并且又快又好地完成了它们，那么你将过上美好的生活；如果你不是这样做的，没有人可以帮助你。在一个组织里，如果你不能快速完成最重要的任务，那么你没有多少政治伎俩可以应用来推动你进步。

黄金时间：在黄金时间段做重要的工作

本章的最后一个观点是，在黄金时段做重要的工作。为什么这很重要?

今天,你是一名知识工作者。这是彼得·德鲁克对管理理论的杰出贡献:你以自己的思想工作,以自己的能力工作,计算和处理各种信息。你的大脑蕴含特殊的能量,在一天中的某个时间,它状态最好、最清醒、最敏锐。这是你执行真正重要的任务的时候,因为此时你可以正确地执行它们,你将犯更少的错误,可以完成更多的任务,你会因此变得更加成功。

许多人因为犯了错误而不得不返工,重复执行任务。在我职业生涯的早期,我就认识到了这一点,当时我很匆忙。老板要我为一位合伙人准备方案,我把一个数字弄错了。这个数字完全改变了项目的经济效益测算。我的老板看着它说:"按照这样估算,我们压根就不应该和这些人做生意。"他把方案交给另一个人,说:"你能再检查一下这些数字吗?"

这个人非常细致,他检查了数字。然后他回到我的老板那里,说:"博恩犯了一个重要错误。他把这个数字写错了。"我写成了 1.5% 的投资报酬率,而他表示,该报酬率应该是 15%。这对公司来说是一笔很好的投资。

我的老板把我叫到一边,向我指出这一点,说:

"这对我们来说可是一个严重问题啊。"我再也没有犯过类似错误，我总是仔细检查。我总是小心翼翼，集中精力并专注于关键数字，以免让自己或公司陷入严重的问题。

我管理了数亿美元的房地产开发项目，积累了丰富的经验。我完成了购物中心、办公楼、工业中心以及几个住宅小区项目的销售。我还为这些领域的许多客户提供了建议，使他们赚了或节省了数亿美元。在犯了第一个错误之后，我会在最警觉和准备最充分的时候做最重要的工作。

截至目前的所有研究都表明，绝大多数人在早晨醒来时处于最佳状态。有人说"下午状态好""晚上状态好"，但事实是，到那时你已经有点累了。当你累了时，你就会想要搬到"某日岛"："明天我再做这件事。""下周我会做的。"

许多人会想："我本周太累了，不想做了。"如果你累了，最好停止工作，彻底休息。周末休息一下，睡个懒觉。睡一会儿，像植物人一样躺着，放松自己。如果你因大型项目或繁重的工作而精疲力尽，那么你需要两三天才能恢复体力。约束自己尽量不要连续超负荷工作两三天。当你重新开始工作时，你的电池将充满电，此时一天之内完成的工作将比疲惫状态下一周完成的还要多。

航空旅行：充分利用旅行时间做事

乘飞机旅行时会浪费很多时间，包括乘车去机场、候机、飞行以及到达另一端酒店的时间。如果不好好利用这段时间，你可能会损失几天的工作生产力，尤其是在出国旅行时。

那么，我们该如何做？我们去找我们的老朋友——做好准备。我每年要航空旅行 100 ～ 200 天。在巅峰时期，我基本上天天都在空中。我曾去过 126 个国家。我在大西洋和太平洋上空来回飞了很多次，多得数不过来了。我一登上从洛杉矶飞往法兰克福的汉莎航空公司的航班，就知道所有乘务员的名字，他们也知道我，因为我已经飞行了很多次。

在你飞行之前做好计划，利用好这段时间，把它作为一个完成很多不能受到打扰的工作的机会。我经常在一天的晚些时候乘飞机，这样我可以在早上到达。你不可能在夜里从事复杂的脑力劳动，但是你可以阅读中等难度的书。你没法完成精细的报告，但可以阅读。我一天可以阅读三个小时或更长时间，有时甚至是八个小时，因为我有计划地进行阅读。当我坐下时，我就把材料拿出来，然后大部分时间我都在阅读。

这还是和习惯有很大关系。许多乘飞机旅行的人很少这样做，他们将乘飞机视为一种假期："哇，我要去度假了。我坐在那里，他们给我提供饭菜，还有电影。"但我认为这是一个可以不受打扰地完成很多工作的机会，因此我不看电影，不浪费时间听音乐。我会在飞机上阅读和学习。

1994 年我去德国时，在一次商务会议结束时起身讲了几句德语。我的赞助商说："如果你会说德语，我们就可以在德国为你创造上百万美元的生意。"

我说："好。"然后我开始学习德语。我通过音频、图书和老师进行学习。从那时起，在我来回奔波的时候，我把所有时间都花在了学习上，用了不到一年的时间，我已经能说一口流利的德语。我花了更长的时间才能说大学难度的德语，现在我已经能在没有翻译或其他帮助的情况下用德语完成 45 ～ 60 分钟的复杂商务会谈。

我还会说法语和西班牙语。当我需要用俄语进行许多交流时，我又开始学习俄语，这是一种非常难的语言，但是我会将飞行时间用于语言学习。我会说葡萄牙语，因此我在巴西也发展得很好。我会说意大利语，因此我在意大利也发展得很好。当我定期去中国时，我又开始学习汉语，而且我的中文也还过得去。汉语和俄语是非常复杂的语言，但对我来说，掌握它们只是时间问题。

我不想浪费时间，我希望自己在国外也能问问题并且能够理解答案，以及点餐。要实现这一点，你只需要埋头苦读，学习、做笔记、划线、写下来。

学习语言就像穿过一间漆黑的房子，并打开所有的灯。你会激活脑细胞越来越多的高级功能，实际上你将变得越来越聪明。

会议的艺术与科学

对于会议来说，首要的规则还是做足准备工作，列出你要在会议中讨论的所有内容。

第二条规则是向参会的每个人分发议程，并概述要讨论的主题。

第三条规则是告诉每个人他们需要做什么："我们希望你能够就此主题进行发言或回答问题。"

在特定时间举行会议——既有特定的开始时间又有特定的结束时间——会议将在上午 10 点举行，将在 10 点 50 分结束。

10 点时把会议室的门锁起来。工作中最具挑战性的事情之一是应对各种借口。人们开会迟到了，所以他们错过了最初的 5～10 分钟，然而这段时间所说的恰恰是最重要的主题。门开着，你不得不中断整个会议。

我从一个卖二手车起家并成为加拿大第二富有的人那里学到了一个方法。销售会议开始后，他就把门锁上。如果你迟到了，那你只能在外面等，最好下次早点去。后来就没有人迟到了。

因此，请锁好门，不要让迟到的人进入，就当他们根本没有来。永远不要等待迟到者，那是另一个巨大的时间浪费。你可能会说："我肯定某某很快就会来。他在打电话。"不要等了，就当迟到者根本不会来，请准时开始会议。

先从最重要的事情开始，这样就算你没时间做完所有事情，落下的也是最不重要的事情。例如，在召开员工会议时，我会走到员工面前，请他谈一谈"请告诉我们你在做什么？最近好吗？你近期的计划是什么？我们能为你提供什么帮助以使其更有成效"，问完一个人问另一个人。有些人经常被问到，而有些人很少被问到。后来我开始问那些从未被问过的员工，经过不到两三个星期的训练，他们全都做好了准备。他们都能谈很多，并提出问题。

下一阶段是轮换会议的主持人："开会了，一切就绪了，今天由卡米尔或比尔主持会议。"起初，当我讲到由某个人主持会议时，这个人会非常紧张，但后来他们做了什么？他们提前准备。他们来的时候就准备好了。他们分发了会议议程，确保参会人员掌握了信息。他们非常负责。

会议是员工成长的最好工具之一。通过让员工参与进来，征求他们的意见，让他们负责会议并赋予他们跟踪落实的责任，你可以帮助他们变得越来越好。

然后，在会议结束前十分钟或五分钟说："我们现在要结束会议了。还有什么需要讨论的？错过这次就没法再讨论了哦。"人们会抓紧时间，会说：这个怎么样？那个怎么样？你在最后的时刻说："好了，所有议程都完成了，下次见。"

紧接着要做的是整理、分发会议记录。写下会议的内容、讨论的内容、决定的内容以及每个人都同意做的事情。在24小时内分发会议记录，以便每个人都拥有你讨论的所有内容的副本。当每个人都有会议记录时，完成会议决议事项的概率会增加十倍。

如果不这样做呢？会议就成了反复讨论想法和可能性的练习。人们离开会议室后就回到原来的工作状态，不用承担任何责任。如果一个会议没有给每个人分配具体的任务和规定最后期限，那它就不是一个真正的会议，是一个毫无用处的对话。

我开发了一种在会议中使用的技术。我在开会时会带一个杯子，里面放着勺子，当人们说"我们应该这样做，我们应该那样做，我们为什么不这样做"时，我就会拿起勺子把杯子敲得叮叮当当响。这相当于问，谁来把铃铛系在猫的尾巴上？究竟安排谁来做？"是的，这是个好主意，你的建议非常有价值。谁去做？"令人惊讶的是，很多人不再说："我们应该这样做，我们应该那样做。"一定要适时敲响杯子。要记住，如果在会议结束时没有明确任务的责任人、完成的时间以及如何衡量和考核，那这就算不上是会议。它不能激励人，只会让人泄气。

触地得分

重申一个重要的观点：只有在你把事情做好，启动并完成重要任务时，你的职业生涯才可能有进步。你所做的一切，你都要将其牢记在心。问问自己：我该怎么做才能增加对公司的贡献？这就是你工作的原则。如果你能为公司贡献更多的价值，那么你将获得更大的成功。

在我三十多岁的时候，我做出了一个改变人生的决定。如前所述，我去为一个大老板打工。每当我没事情可做的时候，我都会去找他，说："我忙完了，我想要更多的工作。"

"好的，很好，"他会说，"我会考虑的，我会尽快给你回复。"他忙得很，经营着价值数亿美元的企业。

在我结束在那家公司的工作时，我的薪水比他们历史上付给任何人的都多。我从无到有，我之前没有与任何大公司接触过，也没有经验，我从一件事开始："让我承担更多的责任。我想要承担更多的责任。"

当你承担起责任时，就像在橄榄球超级杯比赛中传球，赶快跑，去触地得分。完成这个任务，越快越好。

想象一下，你的未来就指望它了，确实也是如此。

你一旦完成了任务，就像狗衔着棍子跑回来一样，说："我想要更多，再扔一根棍子，我想要承担更多的责任。"当领导给你任务的时候，你要跑过去取回来，并又快又好地完成。

第 5 章

有史以来最好的提高生产力的方法

本章我想提供一个我教过的最好的提高生产力的方法的宝库。下面，我将一一介绍。

80/20 法则

第一种方法是：将 80/20 法则应用到所有领域。80/20 法则是由一位名叫维尔弗雷多·帕雷托的意大利经济学家于 1895 年发现的。他发现，意大利 80% 的财富似乎掌握在 20% 的人手中。然后，他还发现欧洲的每个国家都是如此。此外，一个行业中80%的财富掌握在20%的公司或组织手中。他还发现人们所做的任何事情，其80%的价值是由20%的工作量创造的。

当你规划时间时，根据80/20法则，20%的工作量产生的价值占你所贡献价值的80%。正如我已经说过的，最重要的事情是有效地使用自己的大脑，也就是要思考。停下来想一想，列出你必须完成的所有事情，然后问自己：列表中哪20%的活动创造了80%的价值？

彼得·德鲁克表示，有时候是90/10法则：如果你列出必须完成的十件事，那么其中必有一件事比其他九件事合起来的价值还要高。如果你正在做一件价值不高的事情，即便你可能会做得非常出色，这也只是在浪费时间。事实上，从事低价值的活动会毁掉你的职业生涯。你可能是一个努力工作的人，但真正重要的是你在努力做什么。如果你工作很努力，而且你的工作能产生很大的价值，那么你将升职很快，获得的薪水也很高。

ABCDE方法

这是一种很棒的方法，我不知道它的出处，但是很多读过我的书并参加了我的课程的人都说这种方法使他们变得富有，这是他们至今为止发现的最不可思议的方法，他们一直在使用。

在国外演讲时，我称其为 1-2-3-4-5 方法，因为不同国家的字母不一样。A 级任务是你必须执行的任务。在确定任务的优先级时最重要的词是"后果"。不执行该任务会有什么后果？后果很轻微还是很严重？

最重要的任务、最有价值的任务是后果最严重的任务。A 级任务具有严重后果。它很重要，是你必须完成的。如果不完成它，你将会遇到麻烦。

要找出哪些任务具有最大的潜在影响，它们将成为你的 A 级任务。（当然，我们假设现在你已经写好了一张任务清单。）

下一类任务是 B 级任务。B 级任务是你应该做的事情，例如回复你的老板或同事，或者跟进你的邮件。它们很重要，因为它们也会产生一定的后果，但是后果不像你的 A 级任务那么严重。

如果你有多个 A 级任务怎么办？没关系，将它们的优先级设置为 A1、A2 和 A3。你要做的、最重要的、首要的任务，是产生最大影响的那个任务。如果你有多个 B 级任务，请设置 B1、B2、B3。这里有一条规则：

如果 A 级任务未完成，则不要执行 B 级任务。如果你还没有完成 A 级任务，就想找借口逃避，或者想去"某日岛"，那么请停下脚步，回到 A 级任务。

强迫自己这样思考，会使你成为一个非常聪明的人。这就像肌肉锻炼。进行力量训练会怎样？会把血液泵入肌肉，会使毛细血管充满新鲜的富氧血液，并使肌肉肿胀。如果你定期这样训练并适当休息，肌肉会得到放松，然后会变大。我称之为施瓦辛格效应。阿诺德·施瓦辛格每周去 5～6 次健身房，每次锻炼四五个小时，持续了 50 年。他现在仍然每天锻炼身体，保持着发达的肌肉。设定优先次序并付诸行动是精神肌肉的锻炼方法。它让你变得更聪明。

C 级任务是一些不错的事情，但不会对工作产生任何影响。与你的朋友联系，出去吃午饭，看报纸，检查垃圾邮件，这些事情都很好，这些几乎都是工作中的娱乐活动。这些事情会把你带回到学生时代。当你上班时，你依然保留着从小养成的习惯，把同事视为你的朋友，并与他们一起玩耍，与他们聊天，查看他们发来的电子邮件，向他们发送电子邮件，以及向他们发送卡通图片和笑话。

我有一个好朋友，他现在退休了。他以数百万美元的价格卖掉了他持有的一家大型国有企业的股权，然后买了两套公寓，一套在夏威夷，一套在佛罗里达。他过着美好的生活，并且有很多时间。他非常友好而且非常聪明。每隔一两天，我就会收到他发来的笑话、动画片，以及他在互联网或 Facebook 上看到的某首诗。这是他现在要做的事，因为他已经退休了。他仍在给玩伴讲些笑话和故事。

C 级任务很不错，但是在完成 A 级和 B 级任务之前，不要执行任何 C 级任务。人类的天性倾向于遵循最小阻力法则，我称之为权宜之计原则。人们喜欢做的是有趣而轻松的事情，而不是艰难而必要的事情。C 级任务是令人愉快、有趣且容易的事情，它们会给你带来愉悦的感觉。但是，无论你重复做什么，很快这都会变成习惯。大多数人，底层的 80%，之所以失败，是因为他们养成了不好的习惯，经常做有趣但毫无意义的事情。

在 ABCDE 方法中，D 级任务是你委派给其他人的事情。下面是委派的规则。你问自己："我每小时从工作中赚多少钱？"如果你每年赚取 X 美元，则用这个数字除以 2000，这是社会中一个人每年工作的平均小时数。在德国，这个数字是 1800，而在法国是 1600，在其他国家则更少。这些国家的生产力较低，因此生活水平较低。

你每年需要工作大约 2000 个小时。你用这个数字确定自己的小时费率。如果你每年赚取 100 000 美元，请除以 2000，得到每小时 50 美元。然后你问自己："我做的事情都需要每小时支付 50 美元的报酬吗？我会每小时付给别人 50 美元来做我现在正在做的事情吗？"如果你一年赚 50 000 美元，你每小时赚 25 美元：50 000 除以 2000。你要不断问自己："我现在正在做的工作，是不是每小时价值 25 美元或 50 美元？"如果不是，请立即停止，做那些每小时价值 25 美元或 50 美元以上的事情。

人生中，你要做的事情之一就是让自己的时间越来越有价值。我的一个好朋友在好莱坞开了一家律师事务所，该律师事务所有 105 位律师，都是他的下属。他向我介绍了他的合伙人。这个合伙人是个商业律师，他给公司起草合同。从法学院毕业后，他每小时挣 150 美元。他很称职。后来，他每小时能够赚 175 美元，然后是每小时 200 美元。

在好莱坞，他注意到在很多公司签订的合同中，数字版权是其中一部分。他的客户问他："你可以在这份合同中加入什么来保护我们的数字版权吗？"

"可以的。"他说，然后他查阅法律书籍以了解如何做。他发现洛杉矶的律师都需要从事数字版权工作，但没有人擅长这项工作。因此，他决定专门为娱乐行业的公司提供数字版权服务。他在周末参加了相关课程，然后去全国各地参加数字版权顶级专家的讲座和课程。最终他在事业上遥遥领先，他的时薪上升到 250 美元，然后是 275 美元。

在法律相关工作中，最重要的是计费时间。作为律师，你可以服务多少小时？你有多少计费时间？你可能希望每年有 1500 ～ 1800 个计费小时，剩下的是弹性时间、旅行时间等。

现在，我的朋友与索尼和迪士尼这样的大公司签订了大合同，每个小时要收取 1000 美元以上的费用。它们付给他这笔钱是因为他非常优秀，而且他的工作非常出色，他们相信他可以确保协议对各方都有利。为什么要请一位律师？

有时，我的朋友会要价 100 万美元来完成大型合并或交易的法律工作。企业很乐意付这笔钱，因为这将为它们节省 5 ～ 10 倍的钱。他了解每个小词组或段落含义的复杂性，以及附加权利将意味着什么。

他为客户节省了一笔开销，然后客户又回来雇用他。刚开始时，他的收入是入门级律师的收入——每小时 100 美元或 150 美元。如今，他是全球薪资最高的律师之一，而且他的时间在 3 年前就已经预订满了。人们排队给他想要的任何东西，因为他花了时间让自己擅长做一些有很大影响的事情。

回到正题上，如何委派？你要把能委派给别人做的事都委派出去，只要他们的时薪比你低。你不用煮咖啡，不去复印，也不去星巴克给大家买咖啡。这不是每小时 25 美元或 50 美元的工作。你不会给别人那么多钱来做这些事。

你要确保自己所做的工作的价值比你现在的薪酬要高。如果你这么做了，你很快就会得到比现在更高的薪水。所以，尽你所能地委派工作吧。

经常思考以下问题：①是否必须这样做？②现在就必须做吗？③必须由我完成吗？如果这件事根本不需要做，如果这件事不需要你来做，或者这件事可以由别人来做，那就把这件事委派给别人。

商业模式再造

最后一个字母 E 表示"消除"。有一种叫作"再造"的活动，我已经把它融入了我的教学之中。我有一个名为"商业模式再造"的项目，它要求你仔细检查商业活动的每个部分，看看它们对建立并维持高盈利业务有无贡献。这意味着你需要砍掉一些部分，剔除不再有价值的东西。

我们最大的敌人是舒适区。我们习惯用某种方式做事，即使这种方式不再有效率。就算我们知道有更好的做事方式，我们依然按惯性操作，因为这很容易。我们的权宜之计是：做既有趣又轻松的事。但事实上，我们应该抛弃这种做事方式。

因此，我问公司客户："哪些事情你们之前一直在做，而当你知道这些道理以后，就不会再做了？"如果他们说"我不该启动这个项目，我不该进入这个项目，我不会再做这个项目了"，那么下一个问题就是："你怎么退出，多久退出？"

规则是，如果你已经不打算再做某件事，那么继续按惯性完成它就是在浪费时间。这意味着你在浪费时间，浪费生命，并且正在伤害你的事业。

因此，在与这些公司合作时，我要做的第一件事就是引导它们了解所有产品、服务、组织和销售系统，让它们建立分析框架。然后，我提出问题："如果没做这些事情也能得到现在的结果，我们还会继续做它们吗？"如果答案是否定的，那么下一个问题就是："我们如何退出，多久退出？"这就是归零思维。你的勇气和能力可以改变你的生活。

与我合作过的每家公司，毫无例外，都有它们不应该进入的领域。这些领域一度红火，有利可图，但是现在市场已经改变了，往日的红火一去不复返了。

史蒂夫·乔布斯与绅士

哪家公司是世界上最赚钱的公司？答案是苹果。它是世界上第一家拥有一万亿美元存款的公司。

苹果的故事妇孺皆知。在20世纪80年代，苹果解雇了乔布斯。史蒂夫·乔布斯是一个十分令人讨厌的人。他常常侮辱别人，总是大声叫嚷。当时公司快要破产了，董事会投票把他淘汰了，引进了一位高科技产业的高级管理人员。

又过了十年，公司又濒临破产，乔布斯受邀担任顾问。公司没有给他全部信息，但是给了他足够的信息。作为外部顾问，乔布斯给了一些很好的建议。

在90年代中期，董事会意识到公司濒临破产，于是他们聘请了史蒂夫·乔布斯，并任命他为总裁。那些毁掉公司的人都放弃了公司。史蒂夫·乔布斯问："我们在银行有多少钱？"

　　他们的钱只够维持两个半月，然后公司就不得不关闭。公司在全球拥有 4000 多名员工，但是公司只有两个半月的现金储备，而且销售收入不足，濒临破产。

　　因此，史蒂夫·乔布斯提出了"归零思维"问题："我们是否正在做一些本不该做的事情？"他召集了管理团队，说："我希望你们看一下我们现有的产品线，然后告诉我，我们有多少种产品。"

　　没有人说得清苹果有多少种产品。最后，他们发现有 104 种产品——特别畅销的、一般畅销的、不畅销的。史蒂夫·乔布斯说："好吧。我希望你们分成几组，研究这份产品清单，找出十种最赚钱的产品，我们应该全力以赴的产品。"

　　一两个星期后，他们带回来包含十种产品的清单，但是不同组给出的清单是不同的。一些组说："即使这种产品不赚钱，我们也要保留它，因为它具有巨大的潜力，或者在过去是很好的产品。"典型的停留在舒适区！

　　乔布斯把清单都看了一遍，然后分发出去，说："下次把单子拿给我时，只能保留十种产品。在 104 种产品中，我们只能聚焦十种。"

　　经理们大喊大叫，很不高兴。他们说："我们不能这样做。这是不可能的。我们是一家大公司。如果我们停止生产这些产品，会影响很多人，他们不会答应的。"

乔布斯说："要么产品走，要么人走。"

于是，经理们最终从104种产品中选出了十种。然后乔布斯又将清单分发出去，说："选出四种。我们将只专注于四种产品。"在这104种产品中，他们选出了四种产品，而放弃了其他产品，这减缓了现金流失的速度，现金不断流失会导致公司死亡。

然后史蒂夫·乔布斯做了一些非常有趣的事情。在他的整个职业生涯中，他一直唱衰比尔·盖茨。他一直指责微软是一家丑陋的公司，缺乏灵感，产品也很平庸。

这两家公司是同时起步的，并且同时上市。它们在同一时期迅速成长。然后，微软爆发式发展，由于其商业模式的成功，它成为全球领先的公司，而苹果却处于破产边缘。

在侮辱比尔·盖茨至少十年后，乔布斯打电话给盖茨，说："比尔，我遇到麻烦了。我需要大量现金，而且马上就需要，否则苹果将破产。"

你知道比尔·盖茨说什么吗？"史蒂夫，虽然我们过去有很多分歧，但苹果是一家非常重要的公司，它不能破产。我会给你需要的钱。"

乔布斯说："任何利率都行。"

盖茨说："不，我不会借钱给你。我将购买苹果的股票，我要和你绑在一起，如果苹果成功了，那我就会成功；如果不成功，那我们俩都会受苦。"他买了苹果很多股份。

苹果用这笔钱对公司做彻底改变，成为世界上最有价值的公司。你可以想象比尔·盖茨现在持有的苹果股票值多少钱——数十亿美元。但你也可以看出他是一位绅士。他对乔布斯说："虽然受到了你的侮辱，但你的公司太重要了，不能倒闭。"在关键时刻，他挽救了苹果。

这是个归零思维的例子：如果某种产品不如其他产品，那么就淘汰它。这不是因为它不是好产品，而是因为你不能同时做所有事情，必须减少开支。我在全世界教导成千上万的企业主如何重塑商业模式——坐下来，评估每一种产品和你进行的每项活动，然后重塑公司，将其转变为盈利机器。

如果你现在的业务无法持续产生高额利润，那么你的商业模式就是行不通的。它过时了，已被市场和你的竞争对手淘汰。如果真的想要成功，你需要导入新的商业模式。因此，我们需要坐下来看看商业模型中的各个组成部分，就像看拼图一样。必须删除哪些？必须替换哪些？然后，将它们重新组合在一起。

我已经帮助上千个企业主改造他们的公司，仅仅靠战略收缩，淘汰所有低价值或无价值的产品和活动，就能把公司变成一台盈利机器。

哈佛大学说，有80%的公司正在使用过时的商业模式。已经确定了的商业模式有55种。每家公司都有自己的商业模式。哈佛大学还发现，即使《财富》500强企业的领导人也常常搞不清楚他们的商业模式。

在大多数公司中，如果你问"你的商业模式是什么"，他们真的不确定。

"我们生产这个，然后销售那个。"

"你决定提供什么产品？如何确定卖给谁？如何设定价格？如何做广告、营销和推广？如何应对竞争？"

商业模式由十多个不同的要素组成，它们像机器的零部件一样组合在一起，然后拧紧。如果所有零件都没毛病，机器会运转得很好。

想象一下，你有一台无法工作的机器，例如闹钟。你需要拆开闹钟，将所有零件放到工作台上，找出有缺陷的零件，用新零件替换它们。然后，你重新将闹钟组装好，它就可以正常工作了。

每一家公司都像一台机器。通常商业模式的一个或两个关键组成部分损坏了或失效了，不能正常运转，公司会因此陷入困境，无法赚取利润。商业模式其实就是利润模式。因此，如果可以日复一日持续可靠地获得丰厚的利润，你就可以认定公司拥有良好的商业模式。

如果不是这样，那么就该拉紧缰绳停下来："暂停，让我们坐下来仔细地逐一查看，确保我们在做正确的事情。在哪些领域我们不产生利润？假如我们重新开始，哪些我们正在做的事情将不会再做了？"

公司是产生利润的有机体。它的整体目的是通过为客户提供可改善其生活质量的产品和服务来获利。

在经济学家米尔顿·弗里德曼去世前不久，我与他共进晚餐。他说，公司的目的是产生利润，不是从事社会或慈善工作，或者拯救世界。它的目的是生产丰富人们生活的产品和服务，同时要以有利可图的方式进行，让公司的收益超过支付的成本。

彼得·德鲁克表示，利润是未来的成本。如果没有利润，企业或行业，甚至整个国家都没有未来。

作为个体，你也是个赚钱机器。你赚钱的目标是赚取比生活成本更多的钱。只赚够饭钱没有任何意义。你想拥有更多。你想要更高的收入，想存钱，想变得财务独立，然后变得富有。因此，你也有自己的商业模式。

你的个人商业模式与公司商业模式完全一样。你提供什么服务？收取多少费用？如何改善服务质量，以收取更多费用？你可以做些什么？你可以增加或减少什么服务？你可以开始做什么或停止做什么？这些都是重要的问题。这迫使你思考，思考将使你变得更聪明。

然后，你要思考：竞争对手是谁？还有哪些人和你做着类似的工作，想要挣到和你一样多甚至更多的钱？你的工作成果必须比他们的好，这样你才能得到比他们更多的报酬。所有这些问题都会迫使你思考："我怎样才能把事情做得更好？我怎样才能变得更好？我怎样才能打造出让我最终变得富有的个人商业模式？"你不会仅想有足够的钱来支付账单。你甚至不会满足于小康，你想变得富有。虽然你可能不会变得富有，但不要因为你没把它设定为目标而走向失败。

将变得富有设定为目标，然后说："我该怎么做？为了能够做出更大的贡献，我需要做什么或不做什么，以便我可以赚到更多的钱，从而为自己和家人创造更好的生活？"这些都是生产力的关键部分。

非生产性活动浪费了50%的工作时间，在某些情况下，甚至占到60%或70%。每个工作场所的每个人，都知道谁是最有生产力的人。不用在他背上贴个标签，每个人就都知道最有价值的人是谁。在一个项目组里面，如果你有十个人，那么其中两个人将带来80%的产出。机会的大门向这两个人敞开，他们受到管理层的尊敬。许多公司都是围绕一两个人的才能而建立的。

我的一个朋友在几年前写了一本书，叫《优胜者》。他说，一家公司之所以成功，是因为它至少有一个表现出色的员工。小公司必须至少有一个非常有生产力的人。如果公司是个销售组织，则必须至少有一个超级销售员。惠普就是一个很好的例子。惠普由两个来自海军的家伙创办。他们创办了这家高科技公司，并提出了制造机器的想法。威廉·休利特是一位了不起的工程师，他发明了一种简单的机器，可以应用到许多其他设备之中，然后他们开始在加利福尼亚帕洛阿尔托的一个车库生产机器。那里是硅谷的发源地，它正好位于公交线路上。开车经过这里时你会看到一个很大的标志，上面写着：这就是很多年前创立惠普的车库。

戴维·帕卡德也很伟大，他是一个出色的推销员。他可以像艺术家一样完成销售，所以他经常出去销售产品。因为他擅长销售产品，而威廉·休利特擅长设计和制造产品，所以他们创建了历史上最成功的公司之一。

苹果由史蒂夫·乔布斯和史蒂夫·沃兹尼亚克创

立。微软由比尔·盖茨和他的合伙人创立。在这些案例中，创始人一个是技术天才，另一个是营销天才。一个知道客户想要什么以及如何使客户满意，另一个知道如何生产产品。

你也是一样，你必须是一个出色的人。如果你现在还不是，我建议你变成一个出色的人，成为真正有产出的人。你可能要加倍努力，晚一点下班，早一点上班，你要阅读、学习、选修课程。总之，你要全身心投入，让自己变得有价值，这会使别人不惜一切代价留住你。

三大任务法则

下面我谈谈三大任务法则。我在时间管理和个人生产力领域中研究了很多年，然后我发现了这个法则。

我让所有学生都参加下面这项练习。我让他们把一周或一个月内要做的事情列一个清单。我通常会让他们在上第一堂课前就列好清单，并随身携带。有些人会写下一二十件事，有些人会写下三四十件，还有些人会写下五六十件。

当他们把清单带来时，我会说："我不用看清单就

可以告诉你，完成清单上 10% 事情的价值抵得上其他
90%，你所做的 90% 的事情都是在浪费时间，有三件
事比其他所有事加起来都有价值。"

如何识别这三件事？你可以借助于三个神奇的问
题，这些问题会让你变得富有。如果我只有五分钟来教
会人们致富，那么这就是我要告诉他们的。

（1）如果我今天只能做一件事情，那么哪件事将为
我的工作和公司贡献最大的价值？你需要花一些时间思
考，但是大多数人马上就知道了答案。在有些情况下，
答案很简单：假如我能成交；假如我可以做得更好，并
和更优质的潜在客户交谈。

销售分为几个部分。一般来说，其中的某一个环节
会把你区分为顶尖销售员、优秀销售员或失败销售员。
找到答案后，在这件事旁画一个圆圈。然后你问：

（2）如果我今天只能完成清单上的两件事，那么我
能做的第二件最价值的事情是什么？

顺便说一下，这有点困难。找到第一件通常很容
易，而找到第二件难度大一些，但是你还是很快就能发
现它。然后你问：

（3）如果我今天只能完成清单上的三件事，哪一件
事能为我的事业做出第三大贡献？

如果你退后一步，看着这三件事情，它们会像闪光灯一样照射你。这三件事将决定你一生的全部收入，这会让你感到震惊。它们决定你的成功和幸福，决定了你的成就水平以及受到尊重的程度。一切都归结于这三件事。其他事情贡献的价值微乎其微。

三大任务法则说的是把其他事情抛开。选择出三项价值最大的任务，从第一项任务开始做，只做这一件事，直到你完成该任务相关的全部活动，然后转到第二件，转到第三件。在你生活中的每一天，问自己："我的三大任务是什么？"

多年来，沃伦·巴菲特一直是世界首富。如今，他的身价约为 840 亿美元。如果你在他创立伯克希尔 - 哈撒韦公司之初，以 100 美元的价格购买了该公司的股票，那么今天其价值将超过 200 万美元，因为它的价值每年增长 25% 甚至更多，年复一年，增长了几十年。

当人们问巴菲特"你成功的秘诀是什么"时，他说："我的秘诀很简单，那就是懂得拒绝。除了最重要的三大任务，我什么都拒绝。我只从事这三大任务，其余时间则花在学习上。"

他每天的阅读量超过 500 页，花 6 ～ 8 个小时学习、阅读书和文章。他每天只用大约两个小时完成三项大任务，其他事情都委派出去或者取消掉。

我有一个好朋友，他在 IBM 工作了 25 年。IBM 在 20 世纪 80 年代末和 90 年代初陷入了严重的财务问题，人们认为该公司将要破产。公司解雇了总裁和所有高层管理人员，然后引入了新的总裁，而新的总裁又带来了新的人，并使公司改头换面。

他们发现的第一件事是，公司中有很多很有才华的人在做低价值或无价值的事情。他们引入了三大任务法则，公司中的每个员工都得到训练。他们要找出三件最重要的事，然后努力干好这三件事。

管理人员被教导要帮助每位员工专注于三大任务。经理在与员工会面或与员工开会时首先会问："你的三大任务是什么？"

员工必须非常清楚地知道他的三大任务。然后，管理人员还要问："你现在正在做的事情是三大任务之一吗？"通过这种方式，公司扭转了局面。

IBM 的转型是历史上最大、最成功的企业转型案例之一，其基础就是让每个人都找到自己的三大任务，鼓励每个人把这三项任务做到更好。这个方法也足以让你取得巨大的成功。

提升你的核心技能

第四种提高生产力的方法是提升你的核心技能。这是三大任务法则的自然延续。一旦你确定了这三项任务，你就会精益求精地做每一项，想把它们做到最好。

我在前面提到的那位律师意识到，他能做的最有价值的事情是编写复杂的知识产权协议，完成所有高技术含量的部分，并将它们交付给他的客户，为他们节省和赚取大量的钱。他几乎可以对此收取任何费用，因为合同条款可能会影响公司正在处理的数十亿美元的资产。

因此，确定你的三大任务，并下决心把它们做到最好。

你可以使用的最好的自我肯定语句之一是："我是最好的！我最棒！我最棒！"你只需要一遍又一遍地重复这句话。我在孩子还小的时候就开始使用这句话，我告诉我的孩子："你是最棒的！你做得很好！你真的很棒！"

我对我的员工也是这么说的。我的秘书雪莉起初很害羞，没有自信，自我形象也很差。我鼓励她："你是最好的！你是最好的！"她和我一起工作了很多年。当她完成一项工作后，她会自我肯定，说："我爆发了！我是这个行业中最好的！"讲这些话时，她是很认真的。慢慢地，她高兴了起来，她开始微笑。她的工作也做得很出色。我一遍又一遍地称赞她，在所有关键的事情上她都做得越来越好。

放大你的专长

第五种提高生产力的方法是放大你的专长，善于使用杠杆和乘法。这意味着你要教别人也去做最重要的事情，这样你就可以在公司内完成越来越多的事情。

当我创办一家公司时，我最大的贡献就是销售。我运用自己销售能力的最好方法就是招募那些渴望成功的人，然后教他们如何销售。

当我 24 岁时，我找到了一份销售工作，后来我学会了销售的方法。我干得非常好，以至于有人问我是否想招人，他们会给我销售代理佣金。于是，我开始用自己的钱在报纸上刊登广告，提供一份高薪的销售工作。来自六个不同地区的人跑来找我。我面试他们，如果我看上了，就会雇用并培训他们如何销售。

每个月，我都会与这六个地区的某一个销售团队一起工作。我经常出差去教导他们，带他们跑市场，和他们一起去做销售拜访。我把他们都培养成了出色的销售人员。

由于有销售团队的代理佣金，我的收入增加了10倍、20倍甚至30倍。多年来，我一直与团队中的人保持联系。他们中的许多人已经成为百万富翁、大企业负责人和公司所有者。当我通过教导他们，让他们变得非常擅长自己的工作并发挥自己的作用，他们的生活出现了转机。

找到你的主要约束

第六种提高生产力的方法是找到你的主要约束。约束管理和约束消除的想法来自特拉维夫大学的一位名叫艾利·高德拉特的教授。他写了一本名为《目标》的书，在书中他介绍了一种对工作产生巨大影响的策略，这就是约束理论。他还有个为期三天的研讨会。约束理论是我见过的最出色的时间管理原则之一，我认识的每个高级商务人士都被它深深吸引。

约束理论主要说的是：在你和你想要实现的任何目

标之间，存在一个主要的约束条件。这个主要约束决定了你实现目标的速度，而你的任务就是找出该约束，然后消除掉。这比做其他任何事情都能更快地接近你的目标。

高德拉特还说，当你消除一个约束后，你将找到另一个约束。现在你的任务是消除第二个约束，它现在设定了你达成最重要目标或完成最重要活动的速度。

我举一个非常简单的例子。苹果正在销售笔记本电脑，销售得很不错，但是竞争对手的产品与其旗鼓相当，竞争很激烈，因为像日本和中国这些国家以非常低的成本和很高的效率生产电脑。

苹果表示："我们不能仅仅依靠电脑一款产品，我们得有别的东西。我们需要一种别人没有的新产品。"他们使劲想，想到人们经常携带录音机，以便听录音带或 CD。你还记得那些往事吗？

索尼出了随身听。使用随身听，你可以听录音带和 CD 并随身携带。但是，你只能带着少量的音乐或歌曲。

苹果推出了一款产品，你可以把大量歌曲复制到这款产品中，然后用耳机收听。他们发明了 iPod，其营销口号是"口袋里有 1000 首歌曲"。你可以将所有歌曲放在一个适合放在口袋或钱包里的小设备中，用耳机收听。

他们将 iPod 的价格定为 500 美元，售出了 500 万个。苹果因此摆脱了濒临破产的困境，成为一家盈利的公司。他们又说："我们必须拥有另一种别人没有的产品，这个产品必须是任何公司都无法超越的。"

曾经市场上有很多便携式电话，而摩托罗拉是霸主。后来，摩托罗拉在电话技术领域落伍了，诺基亚成为世界上最大的电话公司，拥有全球50%的手机市场。诺基亚和黑莓占有了全球的大部分手机市场，诺基亚占49%～50%，黑莓占30%～40%。其他所有公司分享剩下的部分。

当苹果发布 iPhone 时，这两个竞争对手都说这不过是玩具，它永远流行不起来，只有青少年和儿童对它感兴趣。谁会没事拍照、发送消息、制作短片，与他们的朋友一起娱乐？谁想要那么长的联系人列表，还有电子邮件什么的？人们不想要那样的玩具，他们只想要一个简单的手机。

在五年之内，这两家公司都破产了。诺基亚的手机业务被微软收购，然后微软将其关闭，黑莓刚刚破产。它们在五年内从占全球市场的大部分份额下降到不足1%。而与此同时，苹果成为世界上最富有、最兴旺的公司之一。

苹果重新评估了自己的商业模式。他们说"我们必须想出一种更好的产品，并且不同于其他任何东西"，而且他们不断地改进它。他们还合理定价以便每个人都买得起。他们开出了 500 美元的神奇价格。在欧洲和亚洲，价格是 500 欧元，相当于 700 美元或 800 美元，现在的价格是 1000 美元。如果你配置了其他附加功能，价格甚至会达到 1500 美元。它使苹果筹集到数万亿美元的资金。

然后，苹果推出了 iPad，抢占了台式机和笔记本电脑的市场。

苹果着眼于全新的做事方式。他们尝试了全新的产品、定价和顾客，改变了市场。

无论你今天从事什么行业，它迟早都会过时，甚至现在可能已经过时了。因此，你将不得不思考："我的下一个奇迹是什么？从现在起的五年里，我要做什么才能赚到我想要的钱？"

你如何确定制约你生产力的因素？你可以问："实现哪个目标将对我的人生产生最大的影响？"在商业活动中，这是一个财务目标。然后你问："是什么决定了我实现这一目标的速度？"

在销售活动中，决定这一速度的因素是你实现的销售数量。但是，你也可以换个说法："在销售中，是什么决定了我赚钱的速度？"总有一件事你可以关注。

　　在商业活动中，你可以问："是什么限制了我的业务发展？"许多公司已经发现，甚至在三四十年之前就发现了，它们总是在寻找和雇用具有特定才能和技能的人：一个冠军，一个能使产品走向成功的人。

　　史蒂夫·鲍尔默在微软创业初期就加入了公司并担任总裁。他是微软的早期雇员之一。史蒂夫·乔布斯很喜欢他，因为他非常能干。现在他已经卖光了所拥有的微软股份，退休了。他是世界上最富有的人之一，身价可能为160亿美元。世界上一些非常富有的人一开始一无所有，后来他们去一些发展迅速的公司工作。他们与这些公司一起成长，获得了股票期权，或者购买了公司的股票。随着公司的发展，他们变得越来越富裕，就像沃伦·巴菲特一样。

　　像巴菲特一样的亿万富翁遍布世界各地。这些人从很年轻的时候就开始购买巴菲特的公司——伯克希尔-哈撒韦公司的股票。他们都有自己的工作，一些人是律师，一些人是医生，一些人是牙医，还有一些人拥有小型企业。但是，他们的投资策略都是购买更多巴菲特公司的股票。

　　这些人现在是亿万富翁了。你永远不会在大公司管理层的名单上看到他们。他们只是按照巴菲特的话去做股东：买股票而不卖。巴菲特说："我买股票，但我从来不卖。我买优质公司的股票，我只是让它们在景气和衰退中成长。"他的一个策略是：买好股票，从不卖出。这使他成为世界历史上第三富有的人。

摆脱技术时间陷阱

第七种提高生产力的方法是摆脱技术时间陷阱。许多公司破产是因为它们无法跟上现代技术的步伐。他们没有意识到，竞争对手的技术是全新的，而他们拥有的已过时。他们必须紧跟潮流，为了生存，必须引入全新的技术。每个成功的公司都在不断升级其技术。

面对提供更快、更好、更便宜、更容易操作、更兼容的产品和服务的新竞争对手，如果公司试图用旧技术与其相抗衡，那么就会陷入技术时间陷阱。由于有舒适区，有些公司一直试图使旧东西发挥作用。

如果你陷于旧技术的束缚，如果你没有能力、意愿或金钱进行升级，那么你就是在浪费时间，这是不可行的。你不能说："也许我会升级，也许我不会。"如果你比不上一流竞争对手，那么你的时代就差不多完了，你的生意差不多做完了。

正如我已经提到的，另一个技术陷阱与电子邮件捆绑在一起。人们时常在电脑上工作。我的公司（实际上已经卖给我的合伙人）有 38 名工作人员从事高科技产品的推广。在一天的大部分时间里，他们需要关闭手机，还关闭了电子邮件。他们必须关闭所有这些，以便他们能够一心一意地专注于决定其成功的一件事：销售更多产品并产生更多销售额。

正如我已经指出的那样，今天在办公室里花费的时间中有 50% 被浪费了。浪费时间的第一名是与同事闲聊，第二名是频繁查看电脑和电子邮件。到一天下班时会发生什么？你已经筋疲力尽，却没有完成任何事情。因此，你去了"某日岛"旅行："明天我会这样做。下周我会那样做。"最终这成为你的习惯，每个人都知道你的生产力很低。

将任务化整为零

第八种提高生产力的方法是将任务化整为零。这是一种由时间管理专家发明的技术。这是指，当你要完成一项大任务时，你可以将其分解成小块，一次只做一件事。有一个著名的问题："怎样才能吃掉一头大象？"答案是一口一口地吃。请记住亨利·福特的话："只要将目标分解成足够小的小块，然后一次做一件事，一步一个脚印，就可以实现世界上最大的目标。"

这种方法具体如下：你接了一项任务，把它分解为一系列小步骤。激励自己去完成一个小步骤要容易得多，比如列出工作步骤这样的事情。这会触发你采取第一个积极的行动。当你采取第一个积极的行动时，你会得到正面的反馈——分泌内啡肽，有一种幸福的感觉。你会迫不及待地跳到第二个和第三个行动，不久之后你的工作激情就会大大提高。

当有人询问你是否有时间一起吃午餐时，你会说："我现在不能去。我要完成这项任务。我要在办公桌旁吃午餐。"你开始想不浪费时间的各种方法，因为你有很多小事情要完成。

培养紧迫感

大多数有生产力的人都有紧迫感。在工作中，他们行动迅速。他们有了一个主意就会迅速采取行动。当他们阅读时，如果有了一个洞见或发现了一个战略原理，他们会立即采取行动。停止阅读，现在就实践。

你可以使用的最有力量的词是"立即行动"。请一遍又一遍地重复这个词，这样你会在潜意识里对它留下越来越深的印象。当你倾向于推迟执行任务时，请对自己说"现在就做。"你要逼迫自己，成为自己的啦啦队长，激励自己马上开始行动。

"立即行动"是表达紧迫感的绝妙用语。在我的职业生涯初期，我与那个大老板一起工作，没有什么比启动并完成他交办的每一件事更能让我感到振奋了。他有一整栋办公大楼，里面满是工作人员，他可以将工作交给这些人。但是，如果他希望很快完成，他就会把工作交给我。他说："我可以让很多人完成这项工作，但是如果我想尽快完成，我会把它交给崔西。"

有一天他来找我，派我和两三个地产的主人以及我们公司的其他几个职员一起去里诺看一处地产。这块地价值数百万美元，拥有广阔的视野，可俯瞰里诺，是开发住宅的绝佳地块。那块地很漂亮，一片绿色，还有泉水，主人想以几百万美元的价格卖掉它。

该地产看起来很棒，负责人回去告诉老板说"我们应该购买"。老板为此支付了 100 万美元的保证金，然后找到我，说："崔西，我们现在已经买了那块地，我们需要开发它。"他知道可以派我去，让我组织合适的承包商。在当时，我已经具备了这些能力——制作清单，列出较小的步骤，开始工作，并迅速行动。他说："如果你可以启动这个项目，我将不胜感激。"

我立即去了里诺。当时我住在艾伯塔省的埃德蒙顿，所以这次行程约有 1000 英里[⊖]。我去见了律师，他正在为出售地产的业主处理交易。我说："我是来这里进行房地产开发的。你能给我什么建议吗？"律师是一个很实诚的人，他沉默了。我说："有问题吗？"

他说："你有没有跟别人探讨过这处地产的开发潜力？"

"没有，"我说，"我之前在整理好的土地上进行了几次房地产开发，因此我知道如何开发住宅区。""在最后做决定之前，你为什么不找一个最了解这处地产的人谈谈呢？"

他说的人是一位水利工程师，住在离里诺约 50 英

⊖　1 英里＝1609.344 米。

里的一个小镇上。律师说："这个人可以回答你所有的问题。他会告诉你所有有关开发该地产的信息。"

我知道，明智的做法之一就是和真正有知识的人交流。所以，我租了辆车，那是个冬天，我穿过冰雪覆盖的小路，到了这个小镇。我找到了这位工程师的家庭办公室，走了进去，对他说："我负责开发那块地。"

他是一个非常好的人。他靠在椅背上，说："崔西，你永远没法开发该地块，那里没有通水。"

"等一下，"我说，然后我们拿出了地图，把它打开，"当我去那里的时候，他们给我看了这些地方的通水情况呀。"

"他们向你展示的是与他们要卖给你的土地相邻的土地中的水。此土地已经在市场上销售好几年了。实际上，有传言称里诺的地主找到了想购买该土地的傻瓜，因为你购买了它以后100年内都没法开发。"

"真的吗？"

他说："不要跟别人说这些是我说的。我在这块土地上干过水利工程工作。那里没有水，永远也没有。"

于是我去了律师那里，他的信托基金中有我们的100万美元。我们已经将钱给了他，老板指示我将这笔钱从律师的信托基金转移到卖方，并完成交易。

我对他说："我要拿回那张支票。"

他看着我，说："谢谢上帝，你发现问题了。我对参与这笔交易感到不安，因为我知道这是一块无用的、不能开发的地，他们试图把它卖给外来的人。"

该地产本应在当天成交，这 100 万美元本应在下午 5 点从律师的信托基金中转走。我在下午五点差五分走进他的办公室，要求他退还我们的钱，他写了一张支票。我是前一天晚上到达的，我一整天都在工作和开车，我赶上了当天的最后一班飞机。在回程途中，我给老板打了电话，告诉了他一切。

他说："我想你提前一天去是个好主意，我本来打算让你下个星期再去。谢谢你提前去。"老板之所以富有是因为他对金钱非常谨慎。第二天早晨，我走进他的办公室，给了他 100 万美元的支票。从那天起，我成为该公司最有价值的人之一。我有了自己的办公室和员工，同时负责大型开发项目，这是最令人惊奇的事情。如果你想在这个庞大的跨国企业集团中做点什么，请把崔西叫来。

我写了一本书叫《胜利》，描述了一些重大历史事件。在这些事件中，小部队能够赢得非凡的胜利，征服一个帝国。我一次又一次地发现，紧迫感是使力量弱的一方看到敌人防线上的突破口，并迅速行动的关键因素。如果他们再等待两个小时，那么这个机会就会消失，他们将被击败。他们将全部被杀死，将在战争中失败。

一次处理一项任务

在当今的科技世界中，干扰来自四面八方，人们以出色的多任务处理能力而感到自豪。"好家伙，我可以同时处理多项任务！"但所有的研究都表明：无论你是谁，一次只能做一件事。这就是我一直坚持以专注的方式完成每一项任务的重要原因。

想象一下同时阅读和看电视。你将注意力转移到电视上，然后又将其转移回阅读。你可以试一试，在打电话的同时看电视。人脑的结构使其可以连续做一千件事，但一次只能做好一件事。

人们所谓的多任务处理实际上是任务转移。假设你用步枪射击目标，而你有多个目标。你一次只能射击一个目标，你不能向多个目标射击。你可以连续射击多个目标，但必须停止——瞄准、射击、停止、移动、瞄准、射击。你也许可以快速执行这一系列操作，但是每次必须停止并重新开始。

工作中是怎样的呢？我们停下手头的工作去回复电子邮件。这是最大的中断。实际上，最大的干扰来自其他人。在工作的世界中，浪费时间最多的人是那些不珍惜时间并喜欢与你聊天的人。他们想打发无聊的时光，因为对他们来说工作时间就是娱乐时间。他们觉得他们已经工作够了——可能仅仅工作了几分钟，现在该玩了，是时候毁掉你的事业了！

对你的事业最有害的人是那些不珍惜你的时间的人。他们是最大的时间浪费者。他们会对你说"嗨，你有时间吗"，或者"我刚刚看到了这个笑话"，或者"你昨晚在电视上看到这个了吗"。

他说什么不是重点，这仅仅是浪费时间的一个理由或方法。你必须学会说"不"。你可以说："我现在很想与你交谈，但我真的很忙。我必须把事情做好。"

然后，你应当一次只做一件事，因为过渡需要花费时间。这段时间指的是你停止做一项任务，转而做另一项任务，然后又回到原来那个任务并启动它所花费的时间。

我一年写四本书，然而一个普通的全职作家，以写书为生，每两到三年才能写出一本。我怎么可以写那么多书？

我了解到，如果你开始写书后又去做点其他事情，然后再回来，那你就必须回顾到目前为止所做的一切。你必须重新组织，你得知道"我写了什么？我没写什么？我写到了哪里"，你必须重新开始。然后你就可以开始写下一章了。如果你停下来了，你就得回过头来，回顾到目前为止所做的一切，然后才能重新开始。这就是为什么我说平均需要花费 17 分钟才能返回任务。有时不仅是 17 分钟。有时，一旦你偏离主题或试图执行多项任务，你这一天或这一周都不再做原来那些任务了。

有时我会做一本练习册，这本练习册足够让一屋子的商务人士整整工作两天。我要花一两天时间写它。我会关闭所有设备，低下头，然后不停地工作。也许我每天会检查一次或两次电子邮件，但是我不执行任何其他任务。我专注地工作，不停地工作。因此，我可以更快地完成更多工作。

有了这种方法，把工作做得更好就会变得越来越容易。你会感到更快乐。你将更能掌控自己的生活和各种活动。你会完成更多的工作，比你现在想象的速度更快、质量更高。但你不能再想着多任务处理了，因为它并不存在。这是一种幻想，人类不能同时处理多项任务。

的确，你可以一边收听广播新闻一边驾驶汽车，因为它们使用两种完全不同的感官输入。你可以驾驶汽车，这需要体力的投入。你可以听新闻，这需要精神上的投入，或者你想到你的妻子或家人，这与情感投入有关。你可以调用大脑的不同区域来完成某种类型的工作，但你不能同时做几种不同类型的工作，你一次只能做一种类型的工作。

如果你要完成一项任务，那么请从最重要的任务开始，并使用清单有条理地工作，坚持下去直到完成，你将完成普通人十倍的工作量。最终，你将获得十倍的报酬。你的产出非常多，人们愿意为你支付更多报酬。

就像我之前说的，当我的大老板出售他的公司时，我得到了另一个大老板提供的工作，他给我三倍的工资。后来我问他："你为什么决定雇用我？"

他说："因为你在这个城市享有很好的声誉，可以完成大量工作。我的公司有许多项目，很多人都在为项目工作，却毫无进展。我知道如果雇用了你，所有这些项目都将完成。"

我做的第一件事是到公司的各部门走访，并解雇了一半的人，因为这些人在一心多用，与朋友闲聊、煲电话粥。当时，公司的很多人很生我的气，那是一场巨大的风暴，但我清除了所有没用的人，那些浪费了太多时间的弱者，然后我挽救了公司。我们集中精力开发了价值数亿美元的房地产，并收购了很多工厂和企业。

我重申一下本章中介绍的方法。

10 种提高生产力的方法：

（1）将 80/20 法则应用于所有领域。

（2）连续使用 ABCDE 方法。

（3）使用三大任务法则。

（4）提升你的核心技能。

（5）放大你的专长。

（6）找到你的主要约束。

（7）摆脱技术时间陷阱。

（8）将任务化整为零。

（9）培养紧迫感。

（10）一次处理一项任务。

如果要我强调一种方法，我会说"列出清单"。没有清单，一切都是空中楼阁，你就是在空气中游泳。写下你可以想到的前十个目标，并问自己"我要完成这些目标中的哪一个呢？哪个目标对我的生活影响最大"，然后在这个任务旁画个圈，问自己"我现在可以从事什么活动，使我更快实现这一目标"，把它写下来。

最后采取行动朝着这个目标努力，直到完成它。这将使你成为该领域收入最高、最成功、最幸福的人。

第 6 章

如何终结拖延症

在本章中，我将介绍生产力的最大敌人——拖延症，也就是将工作推迟的坏毛病。

拖延的首要原因是人们对开始并完成某项工作没有紧迫感。如果你正在过马路，突然听到一辆汽车在鸣笛并伴随着猛踩刹车的声音，它正朝着你驶来，你肯定会马上躲开。你不会慢条斯理地坐下来，考虑一下是否值得花时间躲避汽车，或者应用一下 80/20 法则。你会马上闪开，因为情况太紧迫了。

很多时候，人们之所以失败是因为他们没有目标。他们没有把目标写下来，或者让它条理化，也没有将其分解成计划清单。结果，他们陷入了无形的拖延。他们将"很快"或在"早上的晚些时候""下午一上班"完成工作。他们总是说"我会在晚餐前完成；周末我突击一下。"

总之，时间拖延了。你习惯性地将任务推迟，直到达到一定的紧急程度，比如不执行该任务就会失去工作或金钱。然后，你不得不开始采取行动，那会发生什么？你犯错了，犯下代价高昂的错误。如果你花时间思考任务，将工作组织好并准时完成任务，那么你将不会犯错。人们总是在出错后说："天哪，如果我花时间考虑一下，我就不会那样做。"

克服拖延症就是要养成迅速工作的习惯。你需要养成制订工作计划、按工作计划执行并尽早完成要紧工作的习惯。

有一个问题，决定了我们按什么方式度过一生："如果你知道自己不会失败，那么你想做一件什么样的伟大事情呢？如果能保证你在任何事情上都取得成功，那么你将为自己设定什么目标？"

在设定目标时，我让人们列个清单，写下 10 个目标，然后问自己："如果我能在 24 小时内实现其中任何一个目标，那么哪个目标会给我的生活带来最大的积极影响？"无论是什么，都将其找出来并写下来，然后列出实现目标需要做的全部事情的清单，并对清单进行重新排序：首先要做的事情、接下来要做的事情、第三件事等。

有一个关于查尔斯·M.施瓦布的著名故事，他是20世纪初最富有的人之一。顺便说一句，这个人与著名金融家查尔斯·R.舒瓦布没有任何关系。查尔斯·M.施瓦布是伯利恒钢铁公司的总裁。1918年，他想提高其高管团队的生产力，因此他聘请了一位名叫艾维·李的著名顾问。艾维·李是公共关系的伟大开拓者之一。

据说，当李先生来了以后，施瓦布向他咨询了如何才能更有效地完成更多的工作。

"给我15分钟的时间，我与你的管理层谈谈。"李先生说。

"我现在要付给你多少钱呢？"

"现在不用付钱。如果你对我的工作满意的话，请在三个月内寄给我一张支票，按你认为我的建议带来的价值支付就可以。"

李先生给高管们的建议如下：

（1）在每天下班前写下需要在明天完成的六项最重要的任务，但不要超过六项。

（2）根据这六项任务的重要性对其排序。

（3）第二天上班后专注于第一项任务。第一项任务完成后，再继续执行第二项任务。

（4）以相同的方式处理列表的其余部分。在下班时，将所有未完成的任务移到第二天的六项任务列表中。

（5）每个工作日都重复此过程。

三个月后，施瓦布给艾维·李寄了一张 25 000 美元的支票，相当于 2019 年的 473 000 美元。

这是应对拖延症最重要的方法：仔细考虑并确定你最重要的任务，一项可以为你带来最大价值的任务，这项任务关系着你实现最重要目标的进度。然后训练自己从该任务开始做，心无旁骛，直到完成为止。如果你能够养成优先做最重要的工作的习惯，并形成工作纪律，那么你将获得成功，并且你可能会变得富有。

自我肯定

我一直是自我肯定的坚定支持者。你的潜意识会接受你对自己说的任何话并相信它。很早之前，这个领域的一位老师说过："有了自我肯定，也就是你对自己积极的心理暗示，你的潜力将是无限的。"我始终记得这句话。

　　不幸的是，80% 的人（又是 80/20 法则）以负面的方式对自己说话。他们说"我总是迟到"或"我永远都做不完"或"我希望自己有更多时间"。他们贬低自己，以一种消极的态度毁了他们的未来。

　　我学会了对自己说一些自己想实现的事情，其中之一是："我总是迅速工作。我总能完成工作。"如果你犯了一个错误并落后了，导致你没能完成工作，你要说："有点不像我了，我总是按时完成工作。下一次，我会做得更好；下一次，我会按时完成；下一次，我将更早开始，一直工作，直到完成为止。"

　　始终使用"下一次"这些神奇的词，因为它们打破了养成不良行为习惯的趋势。始终以你将来想成为的样子对自己说话。当你说"我喜欢自己；我能做到；我相信自己；我是最棒的"时，你的潜意识就会将其视为指令，然后重新塑造你的思想、感官和行为，使其与这些词保持一致。

从最难的任务开始

　　下面，我将介绍克服拖延症的七种方法。第一种方法是从最难的任务开始。我称之为"吃掉那只青蛙"，并且要先吃最丑的那只青蛙。我的朋友罗伯特·艾伦称之为"先做最棘手的事"。要先做那个容易被你拖延且完成之后将对你的生活产生最大影响的任务。

那是什么任务呢？通常来说是巨大的任务、麻烦的任务、困难的任务。

在美国，大约有 65% 的成年人梦想有一天能创业，然而真正走上创业之路的只有 1%。大部分人没有行动的原因是他们不知道如何创业。然而，美国现在还是有 3000 万个企业，大量的企业是由毫无商业经验的人开办的。

换言之，每个人都需要学习。经商其实是由一系列非常简单的步骤构成的，我之前已经写了关于这个主题的书。多年来，常常有人对我说："我读过你的书，我没有尝试去创新，我只是一步一步地按照你所说的去做。今天，我的生意非常成功，我赚的钱比我梦想的要多得多。我很富有，我也很快乐。这一切都是因为遵循了你的指导。"

有 84% 的成年人梦想有一天能出本书，这个想法是很棒的。最近，我在和一个朋友一起开车时说："你知道吗，84% 的成年人都认为他们心中有本书，然而只有 1% 的成年人会坐下来写书。"

他说："我心中就有一本书，我希望有一天能写一本书。"

"那么多人都希望有一天能写一本书，他们为什么没有出书呢？因为他们没有实际的行动。"

当我想写我的第一本书时，我去了一家书店，买了一整套有关如何创作的书，了解如何安排时间，如何安排主题，如何搜集材料。这些书都是由专业作家（通常是非常成功的人）撰写的。他们在其他领域已经出版了许多不同的书。

我整理了一份工作步骤清单，然后开始写。当我写完第一本书时（这花费了很多时间），我又写第二本书，然后写第三本书。我还发现了一个关于图书出版和销售的惊人的事：出版商只会在图书出版后的 90 天内为作者提供一些宣传支持，之后，它们继续宣传下一本书。

大多数的出版商每年都会出版好几百本书。新书出版过了 90 天，出版商就不会再帮你宣传了。如果你自己去广播电台或书店宣传、推荐图书，他们会问："这本书什么时候出版的？"

"4 月。"

"很抱歉，现在已经 8 月了，为时已晚了。"他们既不会采访你，也不会邀请你签名，他们什么也不会做。

我又说道："成功的图书会在 90 天内脱颖而出。如果不成功，大家就会忘记它。所以，我每个月得花 5000 美元请宣传机构为我做推广。"做图书访谈类节目是继续推广图书的唯一方法。得有人说这是一本好书，得有人介绍图书并告诉人们相关信息，或者让人采访你，通过你告诉人们有关图书的信息。

图书访谈也有一套技术。图书访谈可能毫无效果，但也可能让图书在镇上的所有书店 24 小时内销售一空。这完全取决于你在访谈时说了什么。大多数人可能根本不知道我在说什么，因为他们从未做过相关功课。

我说："我将每 90 天写一本新书，并努力宣传推广以扩大销量。如果我的努力不起作用，我将写第二本书。"所以我每 90 天写一本书。

人们会说："这太荒谬了，你不可能做得到。"但是，在我推广最新的一本图书的 90 天里，我就已经开始策划并收集材料，做各种准备，以便我可以写另一本书，然后我就做到了，一切都是那么自然而然。有时我一年创作并出版五六本书。这些书不是我用复印机在车库里出版的，它们都是由世界上最大的出版商出版的。你能做到吗？答案是肯定的，你一样可以做到。

你也可以学习将任务分解为一个个步骤，并且一次只完成一个步骤。当你这样做时，很快你将越来越快、越来越容易地执行越来越多的步骤。你将变得越来越有效率，甚至人们不禁要问："你是用什么东西提神吗？你最近在喝什么？你吃了什么？你是怎么变得如此高产的？"

答案是：我思考并选出我最重要的任务，然后埋头不停地工作，直到完成该任务。如果你做同样的事情，你也将变得更聪明、完成任务更快、更有能力。你还将获得更快乐、更丰富的生活。

考虑代价

克服拖延症的第二种方法是考虑无法按时完成工作将付出的代价。

你必须找到一切可行的办法让自己全身心投入到工作中。对我们来说，这一点很难做到，因为我们总是非常忙，从而难以集中精力。

让自己投入工作的一种方法是思考这个问题："如果我不完成这项工作，将会发生什么？"当你选修一门大学课程时，老师告诉你的第一件事就是：期末论文会占你成绩的 50%，所以不要等、不要推迟、不要拖延，现在就开始收集资料并撰写论文，因为论文必须在截止日前交到教授的办公室，否则你将挂科。

大家会说："一定，一定。"但是，大多数的论文是什么时候写的呢？截止日的前一天晚上。这就是所谓的"咖啡壶论文"。为了完成好几篇不同主题的论文，大家都是在截止日的前一天晚上，围坐在餐桌旁，腾空餐桌，堆上与论文相关的资料，放一壶咖啡，整晚喝咖啡提神。熬个通宵，写完论文，然后赶往大学，将论文塞到教授的门缝下面，这样就算是在八点之前提交了论文，这样就不会挂科了。

简而言之，你可以想象一下如果不完成工作将会带来的不利后果，从而激励自己尽快投入工作。你会因为耽误工作损失多少钱？在职业生涯中，晋升到现在的位置，你付出了多少？有时，担心高昂的代价会激励你更好地完成工作。

考虑收益

第三种方法恰恰与上面的方法相反：考虑你将从工

作或任务中获得的收益。从积极的角度来考虑:"如果我成功完成工作,如果我把这个项目干成了,那么我的职业生涯将会如何?我将获得的好处是什么?"

我自己就是这样。回到之前我为大老板打工的例子,当他说"这是我需要你完成的任务"时,我会盘算一下:如果我不做,那么后果是什么?我可能会失业。我可能会成为一个无所事事的人,并臭名远扬。

这是不利的一面。完成任务有什么好处呢?如果我完成了任务,并且完成得很好,我将获得越来越多的工作机会。我将抓住这些机会,从而可以获得更高的报酬。因此,如果完成任务有助于我的职业发展,那么我将立即完成它,越快越好。我要想:"如果我的老板被问到希望博恩在不久的将来做点什么重要的工作,他会怎么说呢?不管什么重要工作,他应该都会让我去做,让我尽快帮他完成。"

预留工作时间

第四种方法是在一天中留出固定的 15 分钟时间来完成一项工作。

为什么要选择 15 分钟？这是段很短的时间。那是因为，你总能找到 15 分钟，从而很容易开始工作。

一旦开始工作，就一直工作 15 分钟。你可以放一个计时器，计时器会在 15 分钟结束时响起，因此你需要与时间赛跑。你可能会说："15 分钟能完成多少工作呀？我只有 15 分钟，然后我就得回去做那些不太要紧的事情。"通常，在完成了 15 分钟的工作后，你会想："也许我需要再花 15 分钟。"你会得到鼓励，感到兴奋，并且干劲十足。一旦有了这种自信的感觉，你就不会再拖延。当你开始并完成任务的一部分时，你会感到快乐，甚至兴高采烈。

如果你继续这样做，很快你就会养成自我驱动的习惯。你将时刻保持精力充沛。

拒绝完美主义

克服拖延症的第五种方法是抵制追求完美主义的倾向。

每个人都有一点完美主义的倾向，人们常常说："既然没有时间把它做到最好，那就不要做好了。等到我有足够的时间再说吧。"

在写书时，我发现重要的不是打字，而是编辑。任何人都可以写作，尤其是如果你有一台录音机，你就可以把要写的录下来，然后根据录音打字，刚开始我就是这么干的。我会用专业的录音机记录我的想法，然后找速记员打字。

拿到文稿以后，我逐字逐句检查并校对编辑。然后，我会再次进行整理编辑。对我来说，一本书反复修改五次才会比较理想。不要过分担心第一稿的质量，第一稿只是把想法记到纸上，这就是写作的关键（通常也是完成任何复杂任务的关键）。然后一次又一次地改写它。

在写书的过程中，我发现最神奇的事情莫过于：当一本书将要成形时，你自己就会感觉到宽慰和幸福。你可以对自己说："终于完成了，我再也不能做得更好了。"然后，你就可以提交书稿了。

有的书我不得不改写10遍之多，因为它无法达到上面所说的那种感觉。我发现，作曲、设计作品以及进行各种创造性工作的人都会遇到这一刻——感到已经无法做得更好："这就是我所能做的。"然后他们停下来，深吸一口气，开始下一个项目。

你可能会在自己没有获得全部所需的知识和技能之前，一直推迟项目，不敢启动。如果你过于追求完美，启动项目的这一天可能永远不会到来。

80/20 法则的另一种用法是：只要你拥有完成某个项目所需知识和技能的 80%，你就可以启动这个项目。在工作的过程中，你将获得学习其余 20% 知识和技能的机会。这是一个很不错的想法。总之，要抵制追求完美主义的倾向。

全力以赴

排除杂念、全力以赴意味着你要自己默念："我现在就工作，我现在就完成它，我将在本周末完成，在周日下午五点之前完成此项任务，在完成之前，我不会做任何其他事情。"

然后全身心投入工作。不断地自我默念"我现在就工作，我现在就完成它，我将马上完成任务"，并不断强迫自己"现在做，现在做，现在做"。你要为自己打气，成为自己的啦啦队长，不去想无法完成任务的原因和借口，而是想："一旦完成此任务，我就去吃饭，或者去度假。"犒劳自己是很重要的，因为身体才是你所拥有的全部。

在一些公司中，员工说他们有很多半途而废的项目，如果当初咬牙继续执行下去，他们本可以有一个完全不同的盈利水平。他们说："该项目怎么啦？项目启动了，我们计划了，我们继续了，但是不知何故，我们渐行渐远。"

另一个非常重要的因素在于：要完成一个项目，必须有一个人对项目的成败负全部责任。

汤姆·彼得斯在《追求卓越》一书中讲到，每家成功的公司都会找到一个领军人物专心致力于某个项目。如果它们找不到能胜任此职的人来专心完成项目，那么它们根本不会继续推进，因为项目注定会失败，成为"孤儿项目"。这个项目将在办公室里兜兜转转，人们在会议上讨论它，并分析它可能有什么价值，但没人对此负责。最终，"孤儿项目"将无人问津，没有人会继续推进。

之前我提到过要适时敲响杯子：当，当，当，谁来把铃铛系在猫的尾巴上？谁将对任务完成后的奖赏和晋升承担个人责任？如果没有人说："是我，我将承担全部责任"，那么，你就不要幻想有人会做各种各样的事情推进项目。

要想在事业上取得成功，你要做的一件事就是经常举手。每当老板需要人完成工作时，你都要举起双手说"我会做"，直到老板说"不，你的工作已经够多了，你已经很忙了，你已经自愿做了太多的事情"。主动做事情的人将很快成为公司中最受尊敬和最受欢迎的人。

为了图轻松，人们往往寻求最容易的办法来完成工作。大多数人（80% 的人，而且他们一生都在为了生计奔波）不会主动举手。他们看着别处，他们赶紧休息一下，躲到洗手间。他们说"别看着我"，他们正在寻找逃避工作的方法。但你必须相反：想办法承担更多工作。

记住，时间总会过去。几天、几周、几个月都会过去。唯一的问题是：时间流逝以后你在哪里？你是待在原地，一直做低级工作，还是越来越快地进步和提升？

无论如何，时间都将会过去。在你的职业生涯尽头，你可能富有，也可能贫穷，这完全取决于你的抉择。这不是由你的老板、经济形势、政客或竞争对手决定的。你可以决定自己一生的收入。如果你对自己当前的收入不满意，那么请走到最近的镜子前，和老板（你自己）谈谈："老板，我想要更多的钱。"

你的老板会说："你最好出去，去承担更多责任。

离开洗手间，举起你的手，表示你愿意做事。"同时，利用夜晚和周末提高自己的技能，这样你就可以在更高的平台上做自己愿意做的事情。

当我创业开公司的时候，有一位年轻的女士为我打工，她刚被一家信贷公司开除，他们不喜欢她。但她还年轻，她来为我工作时只有 21 岁，也很谦卑。我每月给她 1200 美元，这已经很多了。她是个全能型的工作秘书。

工作继续进行，职业生涯继续。公司开始变得越来越成功。我注意到秘书开始变得更有效率了。一个月后，她来找我，说："你知道，我们没有人记账。"

我说："不，我压根儿没考虑过有这个需要。"

"我会做好记账和财务工作，如果可以的话，我可以办理支付账款事项。"

"当然可以。"我说。

后来她在一所社区大学学了会计课程，并负责我们公司所有的会计工作。因此，她成了我的左膀右臂。然后，她买了一台新计算机并安装了一些程序，这样她可以打字和处理更多文书工作，进行更多通信工作，并制作广告。

在为我工作了六个月后，有一天她来找我。我一直每月付给她 1200 美元，她说："我想和你谈谈能否加薪。"

"当然可以，"我说，"你把工作做得很棒，我每月再给你加 100 美元，怎么样？"

"非常感谢你，"她说，"这虽说是个不错的方案，但我最近一直在市场上寻找有能力完成我在公司中所做的工作的人，我认为我的工作的价值接近每月 2000 美元。我希望你考虑相应地增加我的工资。"

听了以后，我差点心脏病发作。她当时的月薪是 1200 美元，现在她每个月要 2000 美元。但是，我马上意识到她是对的。她使自己变得不可或缺，她正在做两三个人的工作。随着我公司的发展，她也在成长。

我是个聪明人，最后通过协商把她的月薪定为 1800 美元。我将她每月的工资从 1200 美元增加到 1800 美元，足足增加了 600 美元，六个月内工资增加了 50%！她说"非常感谢"，然后回去继续工作。

我说："天哪，我每个月要付 1800 美元。"这个 21 岁的小女孩仅仅通过自我提升，通过更好地为我完成越来越多的事情，就使我在六个月内将她的工资提高了 50%！

她说到另一个理由："如果你想雇用其他拥有我这

样技能的人，你每月必须付给他们 2000 多美元。我拥有的技能在公司是不可替代的，没有我你的公司就无法运营了。"

我意识到她是对的。她做足了准备，有计划地不断提升自己的技能，后来她与我合作了很长时间。我将她的工资提高到每月 3000 美元、4000 美元。到 25 岁时，她的收入已经比其父母在 55 岁时获得的收入还要多。后来，她因为和丈夫搬到另一个城市而离职了。

想想这个例子。想点办法使自己变得更有价值，然后马上就做，立即做。继续努力吧。

保持快节奏

克服拖延症的第七种方法是保持快节奏。之前我谈到过要保持紧迫感，这里指的是要保持一种持续的快节奏。

我们总是安于习惯，我们很容易适应慢节奏的工作。然而，成功人士总是迅速采取行动。他们有了想法后就会马上打电话。他们有了主意后就会立刻行动。

今天，你需要的任何新资讯都可以在手机上迅速获取。比如，看一部电影，你可以预先了解到关于影片的所有信息——剧情、演员、编剧、价格等。真是令人惊讶，你居然可以了解到这么多信息，而且是很快就了解到了。然后，你就可以行动了，而且可以很快地行动。

快节奏意味着你上班时也要这样迅速。爬楼梯时，每次跨两个台阶。走路时，要走得更快些。当你开始工作时，要立即行动，并迅速开展工作，持续工作。

通过保持快节奏的工作状态，你一天能完成的工作量将加倍，而且毫不费力。吃午饭用不着花两个小时，20 分钟就够了，然后回去继续工作。反复对自己说："我要回到工作中去，我要回去工作。"

要更快地行动，更机智地行动，同时还要学习新技能，以便你可以在相同时间内完成更多工作。

有意识地生活

我只推崇一种拖延症，那就是所谓的"创造性拖延"。

我多年的好友，一位名叫纳撒尼尔·布兰登的绅士，是 20 世纪美国最伟大的思想家和哲学家之一。我读了许多他的书。他写了很多方面的东西，包括自尊方面的。对他而言，自尊是人际关系中的关键因素。曾经有人问他："你一生都在思考，如果让你给人们一条建议，你会给一条什么建议？"

他说："有意识地生活。要主动规划生活。"大多数人都是随意地生活。他们被动应付，浑浑噩噩地度过自己的一生。他们从家中开车去上班，甚至都记不起路过了哪里，因为他们毫无意识，思绪飘忽不定。

拖延总是在不知不觉中发生，你甚至都没意识到。没有人会事先说："我现在要拖延这些任务了。"我们总是自动完成了拖延。

然而有意识地生活、有意识地拖延意味着你要主动去思考那些自己将要做的事情。不要让它们失控，因为意外的事情通常会改变你的一生。

仔细考虑一下，然后判断哪些是你现在不该做的事情。这些事，你可能要以后去做，当然，也可能以后也不做，总之你现在不要做，现在还不值得花时间去做这些事，你的时间应该花在更有价值的事情上。它是个好项目，但在目前还不能做。

你要有非常清晰的认知：我有意识地不做一些事情，因为我的时间很宝贵，做这些事会让我没时间做那些可以真正改变我的生活和工作的事情。

　　如果你不主动拖延一些不重要的事情，那么你将在无意间拖延重要的事情。

　　要非常明智才行。你的使命是尽可能地成为最成功的人，这意味着你要去开启并完成那些对你来说最重要的任务，不要把时间花费在那些对你的事业没有贡献的任务上。

第 7 章

如何成为高生产力的专业人士

在商界，我帮助公司制订战略计划。我服务过的最大公司有 1400 亿美元的资产和 22 000 名员工，我帮助它重组了整个公司，其盈利能力大大提高，并且增长速度变得更快。

我们要问自己一个问题："谁是我的客户？"如果你说"购买我的产品或服务的人"，你就错了。实际上答案要比这更宽泛。你的客户是所有依赖你的工作成果的人。当然，在家里也是如此。你的家人也是你的客户，因为他们依靠你和你所做的事情。

你最重要的客户

你的老板也是你的客户。让客户满意就是让老板满意，让老板满意是你最重要的事情之一。实际上，老板是你最重要的客户。

我已经讨论过任务清单的制作。下面介绍另一个版本。你认为自己被雇来，是要你做什么？把你要做的所有事情列一个清单，然后把这个清单拿给你的老板看，让他按优先顺序排列这些任务。"如果我只能做清单上的某一件事，那会是什么？你认为我最重要的任务是什么？其次是什么？再次是什么？"

在工作中，你要做的最重要的事情，就是按照老板列出的优先事项清单去工作。总是做老板认为最重要的工作，最能让老板高兴，也会让你得到更多的薪水和更快的晋升。

随着经济形势、竞争以及市场的变化，优先事项可能很快就会发生变化。你的老板可能在星期一给了你优先事项清单，而星期二他们需要你快速做好的事情就与清单有所不同了。

因此，你要经常与老板保持联系。不要喋喋不休地和他交谈，你可以这样说："这是我的任务清单。请按轻重缓急帮我排列一下。如果我今天只能做三件事，你希望我做哪三件事并给你答复？"

你要时常回到这个问题上来。当老板知道你正在做对他来说最重要的事情时，他会很高兴，还会给你越来越多的帮助。你的老板将帮助你获得更多的培训，以便你可以做更多的事情。

客户是在市场上购买你的产品或服务的人，他们当然非常重要，因为他们的满意程度决定了公司的未来，而你对这种满意程度的贡献决定了你的未来。因此，你要不断思考未来你可以做出的最大贡献是什么，你可以为谁做出贡献，这些都是非常重要的。

等级制度

许多人成天担心自己的工作成果无法被老板看到，这是杞人忧天吗？这值得浪费这么多时间吗？我们确实看到过很多办公室政治，有些人只做老板能看到的事情。他们不想帮助同事，忽略同事的请求，因为这些事情老板看不到。所以，有时你会遇到这样的情况：有的人在老板那里受欢迎，但其他同事不喜欢他，或觉得他没有带来帮助。

你应该担心办公室政治吗？还是只关注价值创造而不担心它是否可见？

一位伟大的哲学家说过，人类活动的第一法则是等级制度。这是人们在社会、企业和俱乐部中的秩序。在等级制度下工作的每个人都知道自己在什么位置，谁在他们之上，谁在他们之下。每个人都雄心勃勃，他们希望在等级制度中往上爬。他们想爬得更高，因为他们爬得越高，得到的奖励越多，得到的尊重越多，得到的钱也越多。所以，你必须问问自己在这个等级中处于什么位置，以及你的目标是什么。

现在，公司的作用是生产一种产品或服务来丰富客户的生活或工作，并且比竞争对手做得更好。你应该尽可能多地完成销售，获得利润。正如我们所见，利润是未来的成本，没有利润的地方就没有未来。

一个人为何能升迁成为你的上司？他们比其他人更擅长实现目标，生产产品或服务，在竞争激烈的市场中销售产品，并为公司带来回报。

你的工作是让老板满意。在一次研讨会上，一个女士走到我面前说："我对你所说的话有异议。我的工作不是取悦老板。我的工作是完成自己的职责，并与同事和睦相处。如果老板要我取悦他，那就是他的问题。"

"真是个悲剧，"我说，"如果你的工作不是为了让老板满意，那你为什么还要做这份工作？你为什么被录用？为什么要赋予你这些职责？在等级制度中，人们雇用员工来帮助他们完成工作。你的工作是帮助你的上司做好他们的工作。"

我一直专注于为自己的老板服务。如果我的老板现在需要这个，或者明天想要这个，这就是我的工作。如果我能做好这件事，我就能得到一份好工作，获得高薪和晋升。因此，你要记住：你的工作就是让老板满意。

人们说："我的工作是与同事和睦相处。"不，不是这样，除非这对于完成你的工作和满足老板最重要的需求很重要。你要清楚自己在做什么。那些从来没有在公司工作过的人会说自己的工作是与同事和睦相处，快乐地工作，自己的快乐至高无上。

不，这不对。你的工作是创造出比你的薪水大得多的价值。奇妙的是，你就是自己的老板，如果你想和老板谈谈工作，请到离你最近的镜子前。那个人会告诉你需要做什么。对于雇用你的人来说，你要做的就是想

"我要做出很大的贡献"。

与老板一起工作时，我的头脑总是很清晰。"我怎样才能帮你把工作做得更好？我能做的最重要的事是什么？这是我正在做的事情。"保持清晰，保持清晰，保持清晰。

很多时候，人们会想："我的工作不是取悦老板。我的工作就是干好本职。"他们干得很好，干得非常棒，但老板不知道。因为他们一直认为："我没有必要告诉我的老板。我的老板自己会搞清楚的。"

不，这不对。你的工作是做好工作，同时还要向老板展示你做得很好，这非常重要。

这不是在玩办公室政治。通过这样做，你才能清楚地知道对老板来说什么是最重要的。这样你才不会走错路，去做一些对你老板来说根本不重要的事情。实际上，不止一位伟大的管理顾问曾说过，最糟糕的时间利用就是把根本不需要做的事情做得很好。这就是所谓的替代法则。最糟糕的时间利用方式是努力做好根本不需要做的事情，或者至少现在不需要做的事情。

确保当前在做的工作对老板很重要。你的工作就是让老板满意，因为这样你才能更快地得到晋升，得到更多加薪。你的老板会注意到你的表现并意识到："我不希望这个人离开。这个人对我很有价值。我要求他做的任何事情，他都会迅速完成。他比其他两个或三个人做的工作还多。"

请记住，在每家公司，80/20 法则都适用，20% 的员工完成 80% 的工作。这 20% 的员工得到了与配偶一起去巴哈马度周末的机票。他们不断获得加薪，获得汽车奖励，拥有更大的办公室和众多下属。他们是你的偶像，你想成为这样的人，你不会一不小心就变成那样的人。通过专注于此，你可以有意识地成为这样的人："我想变得更优秀，我会变得越来越有价值。"

看得见的努力

通常，公司都非常注重"可见性"——员工早出晚归，付出了明显的努力。这些表现重要吗，还是只有结果重要呢？与老板见面有多重要？我见过的很多老板都根据员工所投入的时间来评估他们。他们一来上班就数人头，看看办公室里有多少人。也许工作是从 8 点开始的，他们会在 7 点就进去，环顾四周，看看有多少人早到。他们还会等到一天结束，看看有多少人在加班。

我见过一些公司，所有人都耗在那里，直到老板回家，而他们可能什么也没做。他们可能在闲逛，可能在处理电子邮件，可能在聊天。但他们要一直耗时间，直到老板离开。

拿破仑·希尔讲述了一个精彩的故事，说的是一个在大公司工作的年轻人，他真的很想成功。他在一个很大的开放办公室里工作，那里有很多桌子，其中有一张是他的。

这个年轻人注意到老板总是在早上 7 点半左右上班，下午 6 点或 6 点半离开。这个年轻人总是早上 7 点来上班。当他的老板到达时，他已经在那里工作，他总是在 6 点半离开，所以当老板离开时，他仍然在那里工作。他是每天第一个到达和最后一个离开的人。

有一天，对他无视了很长时间的老板走上前对他说："我早上来的时候，总是看到你在这里，而我离开时你也总是在这里。这是怎么回事？你为什么这样做？"

"我只是想确保如果你有事情需要我做，我能够随时都在。"

老板说："哦，真是有趣的工作哲学，谢谢你。"说完他就回家了。

几天后，老板在下午6点打电话给他，说："我希望你帮我做这个，这很重要，我几分钟前才想到的。你可以将其纳入你的日程安排吗？"

"当然。"年轻人说。他接了这个项目，并着手开始工作。第二天他把所有事情都做好了，然后交了上去。

老板说："非常感谢。我很欣赏这一点。"老板点评了这个年轻人的工作，说他可以在这里或那里进行一些改进。

几天过去了，老板在某个中午又把这个年轻人叫过去，说："出了点事，你能帮我处理一下吗？"

很快，老板每天都要和这个年轻人交谈。后来，老板一天要和他交流两三次。不久，他开始不停地帮老板做重要项目。他被提拔了，搬到了离老板的办公室更近的一张更大的办公桌。很快他有了自己的办公室。到35岁时，他已成为一家跨国公司的副总裁。同事都喜欢他、尊敬他、钦佩他。从职业生涯的开始，他就致力于帮助老板，无论老板是谁。不要让任何人说服你，让你觉得你工作不是为了取悦或帮助你的老板，这是你工作的唯一目的。如果你不喜欢老板让你做这做那，那就换工作。

要自愿为你的老板工作，当你手里还有事的时候，你也可以说："我忙完了，我需要更多工作。"

我很喜欢工作。如果你不喜欢工作，你真得好好想想自己在做什么。绝大多数人不喜欢工作，他们会想方设法避免工作。他们低着头，这样老板就不会挑选他们了。

当我去找我的老板说"我想要更多的工作"，他会无视我。我把所有能做的工作都做完了，我甚至考虑要辞职，因为我太想要更多的工作了。最后，他终于受不了了，开始给我一份又一份的工作，就像一次发一张牌一样。

在那之后，我的工作和生活变得非常美好。我当时负责公司的三个部门，创造了数百万美元的销售额和收入。后来我被挖走了，升迁了，我开始把学到的东西教给其他公司的主管。他们请我去他们的公司工作，让我去讲授战略规划。

一定要热爱你的工作。记住，正如拿破仑·希尔指出的那样，如果你热爱自己的工作，那么你将永远不会觉得自己是在辛苦工作。在职业生涯之初，你的任务就是找到自己喜欢做的工作。找到你渴望做的工作，这样留下来完成更多工作将成为一件乐事。你会迫不及待做更多工作。然后，你需要努力平衡你的家庭以及人际关系。

我有很多朋友是他们所在领域的佼佼者，他们喜欢工作。他们早早上班，努力工作，喜欢在周末加班，而且他们也是社会上收入最高的人。他们赚了很多钱，但他们仍然热爱工作。我们开玩笑说，我们必须强迫自己停下工作。我们太喜欢工作了，不得不克制自己。真是太有趣了。

如果你的工作充满乐趣，那么你将拥有难以置信的生活。你将一直感到很快乐，并且成为该领域收入最高的人之一。你将不断成长。你总是在寻找把工作做得更好、做更多工作的各种方法。

当我在不同的组织和行业中获得提升时，令人惊讶的是，吸引力法则产生作用了，我开始吸引这些领域的顶尖人士，首先是本地的，然后是全州的，再然后是全国的，最后是国际上的。我有来自世界各地的朋友，他们特地赶来与我见面，因为他们听说了我很出色。每个人都想认识在自己领域做得好的人。

还有另一件事。所有我见过的最优秀的人，在我们第一次谈话结束时，都会对我说："我能为你做点什么吗？有什么我可以帮你的吗？"

我每周都会从这些联系人那里听到这样的话："有

什么需要我帮忙的吗？有什么我能帮你的吗？"他们对我的个人生活或业务了解不多，但他们渴望帮助那些有前途的人。

此外，你应该设法完成更多的事情，要超出你获得的报酬。想办法，让你投入的比你得到的多。寻找方法，帮助人们取得更大成功。我已经这样做了几十年，它已经回报了 5 倍、10 倍、50 倍甚至 100 倍。

最近，我在达拉斯参加了一个研讨会。一位全国知名的演讲者说："在我开始演讲之前，我想感谢一个人，他对我的生活产生了深远的影响。"他指着我。他说："他教会了我一件我从未听过的事，这彻底改变了我的生活。他说每天要阅读两到三个小时，不断提升自己的技能，把事情完成得越来越好。我一直在努力工作，但我从未意识到提升技能的重要性。因此，我每天花两到三个小时阅读自己领域的书。

"18 岁那年，我在一次大型研讨会上听到他这样说。当时我最大的目标是成为百万富翁。我来自一个陆军家庭，我妈妈出走了，我父亲是一名陆军中士，他对我非常严厉。我上了一所普通的学校，成绩也一般。有人给我买了票，带我去参加这次研讨会。"

在那次研讨会上，我确实说过要不断工作、学习、提高技能。他说:"到25岁时,我已经成为百万富翁。到30岁的时候,我已经有了两三百万美元。我现在35岁,我拥有的财富这辈子都花不完。这都是因为听了他当时对我说的话。"

远程办公和自律

下面我谈谈一个与我们今天所处的经济环境密切相关的话题:远程办公,或在家工作。

在家工作是一个有效率的选择吗?如果某人可以选择在公司工作或在家工作,那么对于那些想要在工作中取得进步的人来说,哪一种方式更有效率呢?

为了回答这个问题,让我们回到我们的老朋友"纪律"上来。正如拿破仑·希尔所说:"纪律是通往财富的关键。"有了它,一切皆有可能,没有它,一切皆无可能。

在家工作有什么问题?缺乏纪律。人们在家里无法工作。他们偶尔会做那么一点工作,然后,他们可能会吃点东西,看一会儿电视,看看报纸,等等。

就我个人而言,我在家里完成了很多工作。我在家里的同一张桌子上，用同一台计算机和同一台打印设备，写了八十多本书。我坐下来，整理好思绪，开始写作。我有很强的独立工作能力。

我有两三个员工在自己的家中工作。每个人都非常有纪律。他们做得很棒，即使在国外，他们也能很快完成工作。他们通过电脑与他人保持联系，随时掌握最新情况，总是很准时，一直做得很好。这些人可以整天在家工作，因为他们很自律，很有条理，他们完成了很多工作。

在办公室工作是因为几十年来，甚至几个世纪以来，每个员工都依赖于其他人。每个人都只做一部分任务，然后将其传递给下一个人，依此类推。在会议上花费越来越多的时间来划分任务、讨论任务、分解任务等。如今，借助计算机，我们可以通过 Skype 或 Zoom 或其他类似方式进行面对面的联系，可以和一个人或一群人交谈。

我现在在 Zoom 上为全球范围内的 150 ~ 200 人举办培训班，每个月举办四次，每次持续一个小时。人们报名参加培训项目后，我们会向他们发送我们将要谈论的信息，还会向他们发送作业，我们会解答他们的问题。我们还送书和 CD 给他们。

每个月我要和来自世界各地的数百人面对面交流两到四次。我会提出问题，也会回答问题。我们不需要待在一个房间。我们可以出现在同一个屏幕上。

借助 Zoom（它如今已成为新兴的高科技创业企业）的技术，你可以看到与你通话的每个人。你可以和他们说话，你们可以互相喊对方的名字，然后提问和回答问题，就像和一群人在一个大房间里。

唯一需要去办公室的情形，就是当面交流对做好工作至关重要。对于新工作、新公司、新业务、新技术、新销售和新市场而言，尤其如此。在这种情况下，你也可以快速学到很多知识。与人面对面交流并分享你的经验是非常重要的。如果不这样做，你可能需要花费 5 倍、10 倍或 20 倍的时间才能达到同样的效果。

经常问自己："我可以在家做所有这些事情吗，还是需要和其他人在同一个房间里交谈？"我在公司里最好的朋友这两种方式都会采用。他们在家里工作很长时间，然后去办公室工作很长时间，分秒必争。

远程办公必须计划好每一个会议，以便如果把会议安排在 11 点，那么 11 点差 3 分所有人就都已经准备好了，随时可以开始。会议于 11 点 55 分结束，然

后开始下一个会议或吃午餐。这是计划和准备要考虑的
问题。

团队合作

汤姆·彼得斯曾经说过："所有工作都是由团队完
成的。"在职业生涯的早期，你在团队中工作的能力和
对团队的突出贡献，将使你踏上成功的快速通道。以
后，你组织和领导团队的能力将在很大程度上决定你人
生的成功。

很多年前，我有一个很好的机会为一家《财富》
500 强公司工作，这家公司在员工的积极性、自尊和团
队精神方面享有世界顶级声誉。为了在这家公司工作，
人们甘愿吃苦。它还拥有世界上最好的培训体系。

他们问我是否愿意为他们举办一场领导力研讨会。
雇用我的人说："领导力是我们现有培训体系的附加课
程，在你举办讲座之前，我希望你先阅读一下我们的领
导力指南。"

他们聘请了世界上最大的管理咨询公司之一。在两
三年的时间内，这家管理咨询公司对该公司的 120 个团

队进行了研究。这些团队取得了非凡的生产力成就，它们将一种有竞争力的产品的制造成本降低了80%，为一种新产品创建一个部门，在短短6个月内就成为世界范围内的领导者。公司聘请的顾问发现了高级管理团队应当具有的五种素质。

那个人说："我把我的手册给你看。这本手册有编号，有签名，而且是保密的。在你与我们的管理团队交谈之前，我希望你通读这本手册，以便你了解我们公司教给他们的东西以及他们每天的工作。但是，你不能复印，也不能摘录。你只能阅读，以便理解，并在星期一早上把它还给我。"

那天是周四或周五，我开始翻看。我说："哦，天哪，这是好东西！"整个周六和周日我反复阅读这些材料，来回踱步，希望尽可能多地记住它们。

根据经验和耗资数百万美元的研究，我总结出成功团队的五个关键原则，它们是取得巨大成功的关键。

（1）明确目标。团队会坐下来讨论几个小时，把要做的事情弄得一清二楚。例如，大幅提高质量，显著降低成本，扩大市场，增加销量等。使所有人都清楚目标，并达成一致。

（2）明确价值观。团队讨论将用于指导彼此行为的价值观：守时、友好、合作、乐于助人，做好自己的工作，提升自己的技能。

（3）明确行动计划。团队成员会问："我们要怎么做才能达成目标？为了实现目标，每个人都要做些什么？需要他们做出什么贡献？"每个人都知道团队中其他人在做什么。当开会讨论工作时，每个人都知道自上次会议以来其他人应该做什么。

（4）领导层的行动。这实际上是针对领导者或经理的。手册中说，管理者要以灵感引导和鼓舞人们。你不用告诉他们该做什么，你要让他们在你要完成的事情上达成共识：这是目标，这些是你支持的价值观，这是每个人要做出的贡献。领导者的首要任务是确保每个人都拥有做出贡献所需的一切：合适的设备、时间、援助或人员。

（5）持续检查和评估。接下来，你定期查看状况："我们的状况如何？我们做得还好吗？我们正在取得进展吗？我们实现目标了吗？每个人都在做出预期的贡献吗？"

我已经向成千上万的经理传授了这五个原则。他们说这些原则改变了他们的经营活动。除非团队中的每个人都清楚所有这些内容，否则他们就会忙于低价值的事情，无法对团队做出贡献。他们将无法按时完成工作，开会时也不会准时到。

因此，团队成员要经常讨论目标，建立清晰的价值观和明确的行动计划，然后开展具体行动，并不断进行评估，以确保工作完成得越来越好。

销售额翻倍

销售是一个特别重视生产力的职业。在这里，生产力是衡量工作成果的基础，衡量你完成了多少销售额，以及你的客户的满意度如何。它还决定了你的薪水以及你在公司中的发展。

关于销售和销售人员的时间管理研究可以追溯到1927年——销售人员挣多少钱，顶尖销售人员挣多少钱，以及从低销售额到高销售额的转变点。

研究结果都非常相似。一般销售人员只有20%～30%的时间用在工作上，在其他时间里，他们热身、放松和朋友出去吃午饭，他们还会迟到和早退。如今，他们花费大量时间在计算机和网络上，但每天仍然只有大约两个小时在工作。在一天的八个小时中，他们将六个小时花在东游西逛上，都浪费了。

　　如果你从事销售，什么决定你的收入？是时间，是你与那些能够并且愿意购买你的产品或服务的人谈事的时间。因此，如果你想使自己的收入翻倍，这非常容易实现。如果现在你每天花两个小时与客户谈事（这是平均值，有时候多，有时候少），那么在接下来的一个月里，下定决心把你花在客户身上的时间增加到每天四个小时。这样，你还有四个小时的时间偷懒、查阅电子邮件并享用长时间的午餐。

　　如果你通过每天见客户两个小时赚取一定数额的钱，那么根据概率法则，你将可以通过见客户四个小时赚取双倍的收入。你可能不知道销售来自哪里或哪个客户将要购买，但是如果你将工作时间加倍，那么你的收入也会增加一倍。

　　接下来就是把最重要的任务完成得越来越好。当你把拜访客户的时间加倍时，你的技能水平也会加倍。然后，你的拜访客户时间就会增加两倍。

　　如果想成为世界上销售收入最高的人之一，你就必须规划自己的生活，把 80% 的时间花在那些能够且愿意从你这里购买产品的客户身上。这是最伟大的时间管理技术。掌握关键技能，花更多的时间与客户面对面地实践这些技能。

至于衡量业绩，在销售中，唯一的衡量标准是你赚到的钱——你为公司创造的销售额以及你以佣金、薪金和奖金方式获得的收入。

我总是以这样的方式开始销售研讨会："在开始之前，我问一个问题：你早上为什么起床？"当每个人都停下来思考时，我说："你早上起床是为了赚更多的钱。你去上班是为了赚更多的钱。你不想赚更少的钱，也不想赚同样多的钱。你想赚更多的钱。大家同意吗？"

他们都点点头。我问："那你怎么赚更多的钱呢？"我称之为 MMM（make more money）。"如何MMM，即赚更多的钱？销售更多的产品，这就是你赚更多钱的方式。你的工作是通过发短信来 MMM。怎样才能卖得更多呢？你与那些能在合理时间内购买你产品的人面对面交流。这意味着，如果你不与客户见面，那么你就没干工作。事实上，你已经失业了。你是社会上毫无用处的人。实际上，如果你不与客户会面，你就应该回家，躺到床上，拉起被子盖住头，因为你对家人或其他任何人都没有价值。难道你不同意吗？"

每个人都说："哦！"但是他们意识到这是真的。如果你不与其他人面对面交流，并请求他们购买你的产品，你就没干工作。你基本上是在浪费时间，而且是在浪费公司的时间。

几年前，我与一位销售经理一起工作。他是美国最优秀的销售员之一。他接管了美国一家大型跨国公司业绩最差的一个分部。

这位新经理做的第一件事是在晨会上说："在开始之前，我问一个问题：你在这个办公室里没有看到什么？"人们环顾四周，看看他是不是从墙上取下了些照片或什么东西，最后他们放弃了。

经理说："这个办公室里没有客户。你们的工作是与客户见面并向他们出售我们的产品。因此，你们必须离开这里，出去与他们交谈。"

令人震惊的事实就是这样，公司内部没有客户。在公司内部，没有人买你的任何产品。因此，如果你待在办公室里，没有人可以帮助你 MMM。你必须离开办公室。

销售人员之前养成了习惯，他们到公司后先闲聊、喝咖啡，一直到 10 点半或 11 点，在这之后他们出去逛逛，打一两个电话，然后去吃午餐。8 点 35 分，销售会议结束了。他们出来之后说："这个人以为他是谁？"他们说了几句脏话。

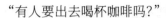

"有人要出去喝杯咖啡吗?"

"有,我和你一起去,我们去前面的星巴克。"然后他们走了出去。有一些人说:"我还是去拜访几个客户吧。"因为这家公司做得很好,知名度很高,所以拥有良好的潜在客户。

一些人出去拜访客户,出乎意料的是,根据概率法则,他们做成了几笔生意。第二天,他们走进办公室,发现所有家具都不见了。只有两三个封闭式办公室里面有桌子和椅子,其他家具都不见了。

经理问:"现在你们注意到这个办公室缺少什么了吗?"

他们说:"所有家具都不见了,没地方坐。""是的,你说得对,"他说,"昨天家具公司来了,当时你们都在外面见客户,我让他们搬走了所有家具。我们的办公室里不需要家具,因为你们不会在办公室里花费任何时间。如果有客户来拜访你们,这里有三个办公室,你们可以与客户私下交谈。但是除此之外,我们不需要其他任何家具,根本没必要。"

他们又一次怒不可遏。这不是他们习惯的与前任经理一起工作的方式(每一位前任经理都因表现不佳而被解雇)。

经理说："以后，我们每天早晨要开 15 分钟销售会议。我们将讨论销售原则，这将是站立会议，因此你们不必坐下来做笔记。每天早上 15 分钟，我们将讨论如何实现更多销售。"

经理开始训练他们。他们已经接受过很好的培训，但是他开始加强训练。他问销售人员："我们的软肋在哪里？在当今市场上，我们需要做些什么？"

销售人员说："我们在促成销售方面需要帮助""我们在处理异议方面需要帮助"。

"太好了。我们明天再谈。"

第二天，经理说："我们谈谈如何处理异议吧。导致人们拒绝购买我们产品的最大异议是什么？"

"有这个，有那个。"

"这里有人知道答案吗？你如何回答？"

有人说："每当听到反对意见时，我都会这样说……"还有人说："每当我听到时，我都会这样说……"

"这是个好主意。"他们开始做笔记。

然后经理说："好，现在是 8 点 45 分，让我们开始工作吧。"在 2000 个销售分部中，这个分部一开始排第 2000 位。一年后，它排第 1000 位，两年后，它成了公司在全球排名第一的分部。这位经理成为高科技销售领域的传奇人物，因为他让每个人都出去和客户交谈。

如果你是自己的老板，你就必须自己实践这些原则。你的办公室里没有客户。如果你在办公室里，那么这意味着你是非正式的失业者。你不是在工作，对你自己和公司来说，你是在浪费时间，所以走出去，去拜见客户吧。

销售：七个关键部分

现在，我们谈谈销售过程的七个关键部分：销售秘籍。

（1）寻找潜在客户。你必须找到那些可以从你的产品或服务中得到帮助的人。根据概率法则，与你交谈的人越多，其中一个人购买你产品的可能性就越大。

（2）与你的谈话对象建立融洽和信任的关系。所有销售都是基于一定的感情基础。这意味着人们喜欢你、信任你。因此，他们喜欢并信任你所说的产品或服务，并且愿意购买和使用它。

所以你得花点时间放慢速度，放慢节奏，和潜在客户交朋友。你要问一些关于他们的问题——他们的生活、他们的工作，他们现在在做什么，他们是如何工作的。在每一段关系中，你和另一个人交谈，当那个人喜欢上你，成为你的朋友时，你会感到一种心灵触动的感觉。这时会发生一些事情，这个人会微笑，身体前倾，然后说："你有哪些产品？"含义很明显："我喜欢你，我相信你，并且我对你的产品感兴趣。"

你说："我先问你几个问题。"然后，你提出问题，看看潜在客户在你的产品领域里经历了什么，以及你的产品对他们的效果如何。你要问他们的目标是什么，他们想实现什么，他们有多少预算，他们过去做过什么，以及他们希望将来怎样，以便你真正了解他们。

（3）诊断阶段。这就像医生给患者诊断。如果你去看世界上任何一个医生，他们做的第一件事都是尽可能地彻底诊断。在他们彻底诊断完之前，你永远不要期望他们会推荐治疗方案。有时他们会让你去做检查，等检查结果出来后，你再回去找他们。

所以，慢慢来。把自己当成销售医生，医生治疗的第一步就是提出问题。你要诊断客户的情况。

（4）展示。在这里，你将根据到目前为止讨论的内容来介绍产品。你解释说："根据你刚才讲的内容，结合你想要和需要的，这个产品很适合你，它能帮你实现目标。"

我们发现，当销售人员重复客户说过的话时，客户不会反驳。沟通交流的首要法则是，没有人会对自己的数据提出异议。没有人反对自己所说的话。如果他们说这是他们想要的和需要的，而你说"你说过这是你想要的和需要的，这个产品能实现这些功能"，他们不会与你争论。他们会像小货车后面的玩具狗一样点头。当你根据他们告诉你的需求和想要的东西进行演示时，他们会不停点头。

（5）回答异议。每个客户都有异议。每个客户都希望降低做出错误决定的风险，因此他们会问你问题："这个怎么样，那个怎么样？"你的工作就是做好充分的准备，这样当他们反对你的时候，你已经做好了准备，你可以说："这是一个好问题。"

面对别人的反对，总是先这样回答："这是一个好问题，让我看看能不能回答你。"然后你回答问题，并表明这不构成不买你的产品或服务的理由。之后你要问客户："还有别的问题吗？你还有其他疑问吗？"

你要等到客户说"没有了，我觉得这很不错"才能达成销售。如果你试图在客户还没打算购买之前就达成销售，你就会终止销售。他们会感谢你花时间提供服务，你将被带到门口，然后你就再也见不到那个人了。时机非常重要。

（6）达成销售。如何达成销售？你要请求客户做出购买决定。

我发现你只需要几种方法即可拿下订单。不同的产品和服务要以不同的方式达成销售，但是达成销售的最好方法之一就是说："如果你没有其他问题，那么下一步就是这个。"然后，你向客户解释行动步骤以及你现在要做的事情。"请你在此申请表上签名。我需要你开支票支付费用。我会把它带回办公室。周二将为你提供该服务，周三早上 10 点左右会有安装人员告诉你怎么使用。这样可以吗？"

换句话说，这就是向客户解释整个流程，我们把它称为达成销售。我们说："如果你没有其他问题，这是你购买产品的下一步。你这样购买。这是你要做的。这是我们安装它的时间，这是下一步。"然后对客户说："怎么样？"客户说："听起来不错。"

（7）获取转售和推荐。转售是指你一次又一次地向客户销售产品。世界上大多数成功的公司都是建立在重复销售的基础上的。客户非常高兴，他们一次又一次地购物，并告诉他们的朋友。

另一部分是推荐。容易达成销售的人往往是有别人的推荐。他们喜欢和尊重的人购买了你的产品，并已推荐给他们。

经常回访，确保你的客户满意。然后，向你的客户询问其他可能对你的产品感兴趣的人的名字。

当我刚开始做销售工作的时候，我不知道销售是一种可以学会的技能。我的第一大问题是不知道如何建立融洽和信任的关系。我必须让人们喜欢我，因为人们在谈话一开始就说："谢谢你，但我真的不感兴趣"或"不要白费时间了"或"我今天真的很忙"。

当我开始提出问题、倾听答案并提出后续问题时，客户开始对我在销售什么以及能给他们带来什么好处感兴趣。掌握了这一点后（顺便说一句，这很简单，你甚至可以在一节销售课上学会这一点），对我来说最大的问题是达成销售，让客户立即采取行动，而不是推迟到以后。

因此，我开始全力以赴地达成销售。我获取了能找到的所有书和音频节目。我每天读书、听音频节目。我边走边听音频节目。在早上和晚上的休息时间，以及每当有空的时候，我都在读这些书，并在上面画重点。我像一个演员一样在镜子前练习，直到我能以你难以置信的方式达成销售。

在接下来的 12 个月里，我的销售额增长了十倍。我成了公司中最优秀的销售人员，我挣的钱比我想象的还要多，因为有很多人为我工作，帮我赚佣金。

好消息是：每个人（害羞的人、受过良好教育的人、未受过教育的人）都有能力成为优秀的销售人员。这是一项非常容易学会的技能，我们的社会中有 17% 的人从事销售工作。他们的收入直接取决于他们达成销售、拿到钱以及把钱带回家或带回办公室的能力。

如果有 17% 的人能过这种生活，那么你也可以。只要专注于此，让自己变得非常擅长销售，你就可以成为世界上收入最高的人之一。机会的大门都将为你打开。

第 8 章

人际关系中的生产力

把"人际关系"和"生产力"放在一个句子里可能听起来很奇怪，因为这两个概念看起来很不同。当提到生产力时，人们就会想到效率，最大化从每一项投入中得到的产出，并获得成果。当提到人际关系时，人们就会想到复杂性、敏感性、情感联系和美好时光。这两个概念似乎非常不同。

实际上，在人际关系的某些方面，生产力的概念是适用的，并且实际上可以增强这种人际关系。但在其他方面，它绝对不适用，并且会破坏人际关系。因此，了解两者之间的区别至关重要。

我们先看看生产力如何增进我们的人际关系。在我们的职场生活中，在工作场所与他人互动时，生产力对于增进人际关系的作用尤其明显。

回顾自己四五十年的工作，我发现了所谓的策划关系，即两个或两个以上的人聚在一起分享想法，朝着一个共同的目标努力。共同的目标代表了彼此的最大利益。

在我的培训项目的第一天，我说："学完这门课，你回家后要做的第一件事就是建立你的第一个策划关系。找到四五个从事不同行业的人，邀请他们加入你的商业策划，你们可以在附近找个餐馆聚一聚，一起吃早餐或午餐。"

到时候你可以说："在我们的生活中，取得进步的最好方法之一是与那些雄心勃勃、有进取心、在生活中努力前进的人分享想法。我们每周聚会一次，解决一个问题，可以是获得更多的业务，也可以是平衡工作时间和家庭时间，或者其他什么主题。我们将分享想法，每周都这样做。你们觉得怎么样？"

你可以发起一个大家只是聚在一起闲聊的策划，或者发起一个针对特定问题的策划。

我的一个医生朋友组织了一个智囊团，他们每周挑选一本关于成功的书，在那个星期每个人都读这本书。他们早上6点半到8点在附近的一家餐馆开会，由一个人为整个小组讲解这本书。然后大家问有关这本书的问题。

他会邀请人们加入策划，前提是他们读书并参加会议。因此，规则非常清楚，如果你不打算读书，或者很明显你在参加会议前没有读书，你将不受欢迎。

人们说他们的生活因为那个策划而永远改变了。每个人的事业都向前发展，收入增加，满意度增加，幸福感增加。真是太神奇了！发起策划的那个医生成为他所在的社区中最受尊敬的人之一，也是最富有的人之一。

策划的目的是什么？拿破仑·希尔发现，每个才华横溢的人都取得了某种程度的成功。在他们与一个或多个才华横溢的高管定期聚会以后，他们的事业便会爆发式增长。譬如洛克菲勒、亨利·福特和托马斯·爱迪生这样的人，他们经常与同类人聚在一起。

在我的课堂上，学员们说，在他们的社区里，即使是完全陌生的高级管理者，也不会拒绝加入这种策划。

与来自不同领域的希望成功的人一起度过的时光，是你一生中最富有成效的时间。对于许多人来说，这是富足与贫穷的区别，是努力奋斗还是成为行业顶尖人士的区别。

其他重要的人

你和家人以及配偶之间的关系是最重要的。和其他重要人物建立关系的目的是什么？答案非常简单。比起没有这段关系，你将获得更多快乐。要以一种你们双方都能从中受益的方式合作，与没有这段关系相比，你会获益更多。

当你的另一半是你最好的朋友时，你就知道自己处于一段良好的关系中。你知道自己准备好要结婚了，因为你遇到了最好的朋友。除了这个人，你不想和别人在一起，不想和别人聊天，不想和别人一起度假，不想和别人一起打高尔夫球。就是这个人了。

人际关系必须对每个人都有价值。人际关系中的每个人都致力于帮助对方改善生活或工作质量。

你是怎样处理人际关系的？重复前面提到的一点，你和你想要达成的目标之间的主要障碍始终是某种问题。你的工作是帮助人们发现阻碍他们充分发挥潜力的问题、障碍和制约因素。

作为父母，你的工作是帮助你的孩子克服障碍，解决他们的问题，发挥他们的潜力，以实现他们的目标。你的工作就是为他们做正确的事。

在一段关系中没有什么比时间更重要。关系的价值与你跟对方见面的时间成正比。夫妻之间以及其他重要人物之间的亲密程度，与双方交流的时间成正比。

时间管理的一项重要原则是舍弃一些东西。下班回家时，请关闭电视，关闭计算机，并关闭所有设备，100%把时间留给家人，询问他们今天做了什么，进展如何以及他们在忙什么。这是非常重要的。在对方提出问题之前，先和对方说话并提出问题。

大多数男人认为他们工作的时候是最美妙的时光，我曾经也这样认为。其实，女人的生活也很有趣。男人应该问问女人："你今天做了什么？你过得怎么样？"

同样，让一个策划中的交流富有成效的最好提问方式是："你最近忙什么呢？今天早上做什么呢？后来又忙些啥呢？"在与对方交谈时，他们可以问你问题，你也可以回答。

让你的孩子变得坚强、积极、自信的最好方法，是记住你是他们生活中最有影响力的人。一定要对孩子表现出极大的兴趣，让他们觉得自己有价值、很重要、很优秀。

当你晚上回家时，到孩子身边去，花 10 ～ 15 分钟，询问他们的生活。不要像有些父母那样说话，或者像学者一样传授知识，你只需要说："今天过得怎么样？你在学校做了什么？一切还好吧？你正在努力解决哪些问题？我有什么可以帮助你的吗？"

另一个建议是：保持高度一致。如果你的孩子坐着，你也要坐下。如果你的孩子趴在地板上，你也要趴下来。你总是要和谈话的人保持视线齐平。在商业活动中，在头脑风暴以及其他所有情况中，请确保你与他人视线齐平，因为这是两个人可以相互交流的唯一方法。

高生产力的人际关系意味着，你希望和他人共度的每一分钟都对彼此有价值。你们可以分享想法、见解和经验，分享解决问题、消除约束的方法。

人际关系中最重要的事情是从收益方面考虑。你想从与他人的关系中获得什么好处？当然，你越喜欢这些关系，这些关系就越有成效，对你来说也就越有价值。

我与妻子之间的关系是我这辈子最宝贵的，其他一切都是次要的。我不仅自己这样认为，而且我会时常告诉妻子。毫无疑问，她也知道这一点。

　　我的孩子知道他们对我很重要。我一直告诉他们："你们对我来说比世界上其他任何人都重要。"我的每个孩子都知道这一点，并说："我知道，爸爸。"我们在一起很多年，这一点是毋庸置疑的。

　　在人际关系中，有生产力意味着你要花时间消除误解、疑虑和困难，并且敞开心扉。我视自己为孩子的良师益友。我们一起工作，一起交谈，并一起分享我们的工作和技能。

　　子女们要赚钱养活自己、结婚并抚养后代，这些是他们的职责，因此我在这些事情上花了很多时间。我该如何帮助他们？我该如何指导他们，指挥他们，为他们打开那扇门？他们可以看到我与他们的生活质量息息相关。

　　我也花很多时间与他们的配偶建立关系。我要让他们感觉得到，他们对我真的很重要。我和孩子们经常谈论：他们遇到了多么优秀的人啊，他们做了多么出色的选择啊。

　　衡量一段良好关系的标准之一就是每个人都在笑。当我们聚在一起时，大家都在笑。孩子们笑了，成年的孩子们笑了，他们的配偶也笑了。当你谈到一段关系的生产力时，我认为关键问题是你们一起笑的次数。

就像我曾说的，只有面对面、膝对膝、心对心，才能让一段关系变得更有价值。当你提问和倾听时，你听得越多，人们就越喜欢你、信任你、相信你，并向你敞开心扉。

对于经理或企业领导者来说，对员工说的最好的话是："你好吗？家里怎么样？孩子们过得怎么样？"这些问题是开放性的，既可以在较深层次的亲密关系上回答，也可以在较浅层次的亲密关系上回答。

你也可以继续深入。记住这一点：如果你问了一个问题，却没有跟进，则意味着你对答案并不真正感兴趣。你问"一切都好吗"，对方告诉了你，然后你要问"那是怎么发生的"，或者"你听到这个消息后做了什么"，或者"你现在打算怎么办"，后续问题会让对方觉得你对他们在做的事情非常感兴趣。

很多经理会认为："我很忙，我没有时间和工作人员一起蹲在篝火旁，也没有时间闲聊。"其实，这并不需要很长时间。在你的工作生活中，你可以很自然地说："最近怎么样？我有什么可以帮助你的？你未来的计划是什么？"我举一个例子。在公司里，我曾说过："我们希望你开心。这里的每个人都应该开心。如果你有什么不满意的，请告诉经理或我，如果可能的话，我们将改进它。我们不希望你不开心。如果我们不能使你快乐，或者你认为自己在其他地方会更快乐，那么你应该去那里，与其他人一起工作，或做一些别的事情。"

多年以来，公司的每个人都知道，要准备好，不断向前迈进。他们尽了最大的努力，在我们所能提供的舞台上，他们已经达到了最高水平。有些人离开了公司，然后找到另一份工作。当他们这样做时，我会请他们出去吃饭，庆祝他们的进步和上升，因此没有人觉得他们得偷偷摸摸地换工作。

我们的员工说"我正在申请另一份工作，如果成功了，它将使我在更高水平上使用现有的技能"，我们会说"太好了"。我们给他们写推荐、开证明，以各种可能的方式帮助他们迈出下一步。当人们知道可以与所有人，特别是老板坦诚相待时，他们会感到非常高兴，觉得这非常令人惊讶！那是一种具有很高生产力的关系。

结 论

有所作为

　　我们最常见的问题之一是："在你的一生中，你想给这个世界带来什么样的改变？"碰巧的是，每个人都希望有所作为；每个人都想成为重要人物；每个人都想成为一个有价值的人，希望被别人喜欢和尊重。

　　真是非常奇妙，如果你做自己喜欢的事情，与自己真正喜欢的人一起工作，并且把你的工作做得很好，那么各种机会的大门都会为你打开。人们会喜欢你在他们身边，他们会帮助你实现目标，他们会为你敞开大门，使你变得更有价值，你也会做得更好。

　　制定个人目标和列出清单也很重要。把自己看成非常有价值和非常重要的人，作为一个有价值的重要人物，你必须组织自己的生活和各种活动，使你为自己和你生命中最重要的人带来最大的价值。

每当你从事对自己很重要的事情，不断取得进展，朝着最重要的目标迈进时，你都会为自己感到高兴。你会精力充沛，自尊心增强，自信满满。你会恢复得更快，具有更强的适应力，也受到周围人的钦佩和尊重。

因此，这就是你的工作——完成你作为一个人的使命。只有你可以决定那是什么。然后写下来，制订一个计划，并一直为之努力。你要把最重要的事情做得越来越好，你将因此成为最快乐的人。

—— 吃掉那只青蛙经典时间管理 ——

财务知识轻松学

书号	定价	书名	作者	特点
45115	39	IPO财务透视：方法、重点和案例	叶金福	大华会计师事务所合伙人经验作品，书中最大的特点就是干货多
58925	49	从报表看舞弊：财务报表分析与风险识别	叶金福	从财务舞弊和盈余管理的角度，融合工作实务中的体会、总结和思考，提供全新的报表分析思维和方法，黄世忠、夏草、梁春、苗润生、徐珊推荐阅读
62368	79	一本书看透股权架构	李利威	126张股权结构图，9种可套用架构模型，挖出38个节税的点，避开95个法律的坑；蚂蚁金服、小米、华谊兄弟等30个真实案例
52074	39	财报粉饰面对面	夏草	夏草作品，带你识别财报风险
62606	79	财务诡计（原书第4版）	（美）霍华德·M·施利特 等	畅销25年，告诉你如何通过财务报告发现会计造假和欺诈
58202	35	上市公司财务报表解读：从入门到精通（第3版）	景小勇	以万科公司财报为例，详细介绍分析财报必须了解的各项基本财务知识
67215	89	财务报表分析与股票估值（第2版）	郭永清	源自上海国家会计学院内部讲义，估值方法经过资本市场验证
58302	49	财务报表解读：教你快速学会分析一家公司	续芹	26家国内外上市公司财报分析案例，17家相关竞争对手、同行业分析，遍及教育、房地产等20个行业；通俗易懂，有趣有用
67559	79	500强企业财务分析实务	李燕翔	作者将其在外企工作期间积攒的财务分析方法倾囊而授，被业界称为最实用的管理会计书
67063	89	财务报表阅读与信贷分析实务（第2版）	崔宏	重点介绍商业银行授信风险管理工作中如何使用和分析财务信息
58308	69	一本书看透信贷：信贷业务全流程深度解析	何华平	作者长期从事信贷管理与风险模型开发，大量一手从业经验，结合法规、理论和实操融会贯通讲解
55845	68	内部审计工作法	谭丽丽 等	8家知名企业内部审计部长联手分享，从思维到方法，一个企业动态，全面展现
62193	49	财务分析：挖掘数字背后的商业价值	吴坚	著名外企财务总监的工作日志和思考笔记；财务分析视角侧重于为管理决策提供支持；提供财务管理和分析决策工具
67624	49	新手读财报：业务、数据、报表与财务分析实战	郑瑞雪	零基础财报入门，业财融合视角，大量案例，配有练习题和答案
66825	69	利润的12个定律	史永翔	15个行业冠军企业，亲身分享利润创造过程；带你重新理解客户、产品和销售方式
60011	79	一本书看透IPO	沈春晖	全面解析A股上市的操作和流程；大量方法、步骤和案例
65858	79	投行十讲	沈春晖	20年的投行老兵，带你透彻了解"投行是什么"和"怎么干投行"；权威讲解注册制、新证券法对投行的影响
65894	79	一本书看透价值投资	林奇 何天峰	基金经理长线投资经验；13个行业专题研究，36家龙头上市公司案例分析，8大选股指标
67511	69	我在通用汽车的岁月	阿尔弗雷德·斯隆	经典商业著作，畅销50多年；译文准确、流畅
68421	59	商学院学不到的66个财务真相	田茂永	萃取100多位财务总监经验
68080	79	中小企业融资：案例与实务指引	吴颖	畅销10年，帮助了众多企业；有效融资的思路、方略和技巧；从实务层面，帮助中小企业解决融资难、融资贵问题
68640	79	规则：用规则的确定性应对结果的不确定性	龙波	华为21位前高管一手经验首次集集中分享；从文化到组织，从流程到战略，让不确定变得可确定
69051	79	华为财经密码	杨爱国 高正贤	揭示华为财经管理的核心思想和商业逻辑
68916	99	企业内部控制从懂到用	冯萌 宋志强	完备的理论框架与丰富的现实案例，展示企业实操经验教训，提出切实解决方案